IA, dime tu protocolo

Papeles de Trabajo, Volume 10

Agustin V. Startari

Published by LEFORTUNE, 2026.

IA, DIME TU PROTOCOLO

First edition. August 31, 2026.

ISBN: 979-8235004542

Written by Agustin V. Startari.

Tabla de Contenido

Tabla de Contenido

En su obra «**IA, dime tu protocolo**», el autor **Agustin V. Startari** nos sumerge en un fascinante análisis de la intersección entre tecnología y humanidad en la era de los macrodatos. Al explorar el rápido avance de la inteligencia artificial (IA) y su impacto en nuestra sociedad, el autor nos invita a reflexionar sobre los protocolos que rigen esta relación.

El libro nos conduce por el mundo de los macrodatos y la IA, desentrañando conceptos clave y explicando cómo esta tecnología ha transformado radicalmente nuestra forma de vivir, trabajar e interactuar. Startari examina las implicaciones éticas, sociales y económicas de la IA y plantea preguntas fundamentales sobre su integración en nuestra vida cotidiana.

Desde la automatización de tareas hasta la toma autónoma de decisiones, el autor examina cómo la IA está penetrando en diversos ámbitos, como la industria, la medicina, la educación y el comercio. Mediante ejemplos concretos y estudios de caso, muestra cómo los macrodatos y los algoritmos influyen en nuestra experiencia cotidiana y cómo los protocolos que orientan su desarrollo y aplicación pueden configurar nuestra realidad futura.

Con un enfoque riguroso y analítico, Startari explora las inquietudes y los desafíos éticos que surgen de la intersección entre tecnología y humanidad. Cuestiona el poder y la responsabilidad de las grandes empresas tecnológicas y propone límites y regulaciones para garantizar que la IA se utilice de manera ética y beneficie a la sociedad.

«IA, dime tus protocolos» nos invita a reflexionar sobre cómo queremos que la IA configure nuestro mundo y cómo podemos garantizar una coexistencia armoniosa entre tecnología y humanidad. Con un estilo accesible basado en investigaciones actualizadas, el libro de Agustin V. Startari ofrece una mirada profunda y esclarecedora sobre la intersección entre la IA y la humanidad, y nos desafía a asumir un papel activo en la configuración de nuestro futuro tecnológico.

Esta colección reúne trabajos de investigación independientes que exploran el poder, la ideología, la legitimidad y la historia desde una perspectiva interdisciplinaria. Cada volumen es autónomo, pero contribuye a un hilo común: el análisis crítico de cómo se forma, ejerce y sostiene el poder a lo largo del tiempo. Desde el Antiguo Egipto hasta los totalitarismos del siglo XX, ***Papeles de trabajo*** presenta una narrativa clara y académicamente fundamentada sobre los mecanismos históricos y discursivos que configuran nuestras sociedades. Cada entrega está numerada para reflejar su lugar en esta serie en evolución.

Título original: AI, Tell Me Your Protocol: The Intersection of Technology and Humanity in the Era of Big Data.
Serie: WORKING PAPERS #10
Diseño de portada: Visual Art Design
Editora: Jessica Yan, 2026
Editorial: LeFortune
ResearcherID: NGR-2476-2025
ORCID: 0009-0001-4714-6539
DOI: 10.5281/zenodo.22208289
http://dx.doi.org/10.2139/ssrn.5260083[1]

Primera edición: mayo de 2023
Segunda edición: mayo de 2025
Tercera edición, revisada: Agosto, 2026
LEFORTUNE

Esta publicación debe citarse como: Agustin V. Startari, "AI, Tell Me Your Protocol: The Intersection of Technology and Humanity in the Era of Big Data," WORKING PAPERS, 10, Montevideo, 2026 (rev. ed.).

1. https://dx.doi.org/10.2139/ssrn.5260083

Colección

PAPELES DE TRABAJO

#10

PRÓLOGO A LA SEGUNDA EDICIÓN

Han transcurrido dos años desde la publicación de la primera edición de *IA, dime tu protocolo*, y en ese breve lapso el campo de la inteligencia artificial ha evolucionado a un ritmo que sigue poniendo a prueba los propios marcos mediante los cuales intentamos comprender sus consecuencias sociales, éticas y económicas. La versión inicial de esta obra fue concebida como una contribución al diálogo en curso sobre la intersección entre la innovación tecnológica y los valores centrados en el ser humano, con especial atención a las transformaciones estructurales del trabajo, la gobernanza y la cognición.

Esta segunda edición, concluida en mayo de 2025, se presenta no solo como una actualización, sino como una revisión sustancial. La urgencia de los temas abordados en el manuscrito original no ha hecho sino intensificarse con la aceleración mundial del despliegue de la IA en distintos ámbitos. Desde la experimentación generalizada con modelos generativos y grandes sistemas de lenguaje hasta los debates institucionales en torno a la Ley de Inteligencia Artificial de la Unión Europea y la proliferación de herramientas de gestión algorítmica en los lugares de trabajo, las implicaciones sociales de la inteligencia artificial se han vuelto más tangibles, más urgentes y más controvertidas.

Las actualizaciones de esta edición son de tres tipos. En primer lugar, varios capítulos —en particular el capítulo 2, dedicado a los marcos de evaluación de la IA, y el capítulo 4, sobre las transformaciones sectoriales— se han ampliado de manera significativa para incorporar nuevos hallazgos empíricos, referencias bibliográficas actualizadas entre 2023 y 2025 y un aparato conceptual más riguroso. En segundo lugar, se ha incorporado un nuevo capítulo 5 para examinar la creciente necesidad de modelos de gobernanza que sitúen la dignidad humana, la rendición de cuentas institucional y la previsión sistémica en el centro de la integración de la IA. En tercer lugar, a lo largo de todo el texto, las reflexiones teóricas se han complementado con análisis basados en datos, estudios de caso comparativos y una reflexión orientada a las políticas públicas.

El público de esta obra sigue siendo el mismo: investigadores, responsables de políticas públicas y profesionales interesados en el potencial transformador y los complejos riesgos de la IA en la era de los macrodatos. Al igual que en la primera edición, no se trata de un relato especulativo ni de un manifiesto tecnológico. Es, más bien, un esfuerzo por articular las condiciones bajo las cuales la IA puede contribuir a una sociedad más equitativa y sostenible, así como los riesgos que afrontamos si no abordamos críticamente los sistemas que estamos desplegando con rapidez.

Al preparar esta segunda edición, he procurado preservar la claridad analítica y la integridad académica del original, al tiempo que respondo a las realidades cambiantes de un campo marcado por la disrupción, la aceleración y la ambigüedad ética. La pregunta central que plantea este libro sigue siendo tan vital ahora como entonces: ¿cómo podemos garantizar que la inteligencia artificial esté al servicio del ser humano, en lugar de remodelar al ser humano para ponerlo al servicio de la máquina?

Agradezco a los lectores de la primera edición sus comentarios constructivos y su participación. Esta segunda edición también es para ellos.

Agustín V. Startari

Nassau, Bahamas — mayo de 2025

NOTA A LA EDICIÓN REVISADA, 2026

El prólogo que precede a esta nota fue escrito en mayo de 2025 y se reproduce aquí sin alteraciones. Debe leerse como un documento de su momento, y se invita al lector a comparar sus expectativas con lo que ocurrió después. Esa comparación es la razón de esta revisión.

La segunda edición concluía con una pregunta: ¿cómo podríamos garantizar que la inteligencia artificial esté al servicio del ser humano en lugar de remodelar al ser humano para ponerlo al servicio de la máquina? La pregunta estaba bien planteada y no la retiro. Pero presuponía una respuesta a una cuestión anterior que aquella edición dejó sin examinar —qué tipo de operación realizan realmente estos sistemas—, y es esa cuestión previa la que aborda la presente revisión. El resultado no es un cambio de tema. Es el reconocimiento de que el libro venía construyendo un argumento que aún no había formulado.

El argumento se formula ahora, en una nueva sección de la Introducción y en la sección que abre el capítulo 1. En síntesis: un sistema entrenado con datos históricos solo puede proyectar las regularidades que ya ha registrado. Esta es una propiedad de la inferencia inductiva, no una deficiencia de ingeniería, y no disminuye con la escala. De ello se sigue que la inteligencia artificial funciona menos como agente de transformación que como instrumento de conservación acelerada, al consolidar categorías, jerarquías y costos relativos heredados con mayor rapidez de la que las instituciones pueden examinarlos. El riesgo central de la transición actual no es, por tanto, el desempleo tecnológico, sino la clausura de los futuros institucionales: la sustitución del juicio, que puede quebrar una regla, por la predicción, que solo puede prolongarla.

Llegué a esta posición al releer mi propia conclusión. La afirmación ya estaba allí, en tres pasajes que había escrito sin advertir que formaban una sola tesis: uno sobre la tendencia de los modelos estadísticos a inhibir la ruptura creativa, otro sobre la erosión de la responsabilidad interpretativa entre quienes se remiten a el resultado algorítmico y otro sobre el costo relativo del capital y del trabajo como artefacto institucional, y no como hecho técnico. Los capítulos que siguen no han sido reescritos para acomodarse a este argumento; son su evidencia, y siempre lo fueron. Lo que aporta la revisión es el marco que permite leerlos como tales.

Tres acontecimientos posteriores a mayo de 2025 inciden directamente en la tesis, y los registro aquí porque cualquiera de ellos podría haberla refutado.

El primero es regulatorio. La Ley de Inteligencia Artificial de la Unión Europea, analizada en la segunda edición como un instrumento prospectivo, ha entrado desde entonces en vigor por etapas: sus prohibiciones en febrero de 2025, sus obligaciones para los modelos de propósito general en agosto de 2025 y su aplicación general en agosto de 2026. Las obligaciones que regulan los sistemas de alto riesgo —evaluación de conformidad, gobernanza de datos, supervisión humana— estaban previstas para esa misma fecha y fueron aplazadas, mediante el Digital Omnibus on AI, hasta diciembre de 2027 y agosto de 2028. El patrón merece atención. Las obligaciones que sobrevivieron a la implementación fueron las que exigían revelar cómo funciona un sistema. Las que se aplazaron fueron las que exigían a una institución determinar si debía siquiera funcionar de ese modo. La visibilidad se sostuvo; la capacidad de revisión, no. No había anticipado una demostración tan exacta, y el capítulo 5 se ha revisado en consecuencia.

El segundo es empírico, y llegó desde una dirección que yo no habría elegido. Los hallazgos publicados por Brynjolfsson, Li y Raymond sobre la asistencia generativa en atención al cliente informan de un aumento sustancial de la productividad concentrado entre los trabajadores con menos experiencia, con ganancias insignificantes —y un ligero deterioro de la calidad del resultado— entre los más capacitados. El resultado suele interpretarse como evidencia de que estas herramientas reducen la desigualdad al elevar el nivel mínimo. Puede ser. Pero el mecanismo que identifican los autores es la difusión de prácticas extraídas del desempeño pasado, y su efecto agregado es la convergencia hacia una media histórica. El nivel mínimo aumentó porque la competencia previa se distribuyó de manera más amplia; el nivel máximo descendió ligeramente porque los más capaces fueron atraídos hacia una norma derivada de un período en el que eran excepcionales. Que esto constituya una mejora depende de si esa media merecía ser el objetivo, una pregunta que ninguna métrica de productividad está preparada para formular. No conozco una ilustración mejor de la tesis, y no fue producida para respaldarla.

El tercero es la aparición de sistemas que razonan a través de cadenas de inferencia extendidas antes de responder. Si algún desarrollo amenazaba el argumento, era este, y lo he considerado seriamente. Mi conclusión es que no lo hace: la inferencia extendida busca con mayor profundidad dentro de un espacio de regularidades aprendidas sin adquirir la capacidad de originar una categoría ausente de ese espacio. La profundidad de la búsqueda no equivale a novedad categorial. Expongo el razonamiento de manera explícita en el capítulo 1, y no en una nota al pie, porque una tesis que no puede sobrevivir a su contraejemplo más fuerte no merece ser defendida, y el lector tiene derecho a juzgar si sobrevive a este.

Una palabra sobre lo que esta revisión no hace. No suaviza las conclusiones de la segunda edición, ni retira sus recomendaciones, ni afirma que el texto anterior estuviera equivocado. El examen que realizó era sólido y la evidencia que reunió sigue siendo la evidencia. Lo que ha cambiado es que el libro ahora argumenta en lugar de informar, y un argumento contrae obligaciones que un examen descriptivo no tiene: debe indicar las condiciones bajo las cuales sería erróneo. Esas condiciones se especifican en la Introducción. Si se demostrara que los sistemas generativos originan categorías genuinamente ausentes de sus distribuciones de entrenamiento, la tesis fracasaría, y prefiero que fracase bajo condiciones expresas antes que sobreviva gracias a condiciones no formuladas.

La pregunta con la que concluía la segunda edición no ha sido respondida aquí. Se le ha antepuesto una pregunta de la que depende su respuesta: si las sociedades que hoy despliegan estos sistemas conservarán la capacidad institucional de decidir que alguna parte de lo que han heredado debería ser de otro modo. Según la evidencia disponible, la cuestión sigue abierta, que es lo único honesto que puede decirse al respecto.

Agustin V. Startari
Nassau, Bahamas — 2026

INTRODUCCIÓN

La inteligencia artificial (IA) ha asumido un papel central en los debates académicos, económicos y políticos actuales, dado su potencial para reconfigurar los fundamentos tanto de la productividad como de la organización social. Durante la última década, los avances acelerados de la IA han sido posibles gracias a la convergencia de varios desarrollos tecnológicos clave: el crecimiento exponencial de la disponibilidad de datos —comúnmente denominado macrodatos—, el aumento de la capacidad de procesamiento computacional y el perfeccionamiento de las técnicas algorítmicas, en particular en los ámbitos del aprendizaje automático y el aprendizaje profundo. Además, el despliegue de sensores cada vez más eficientes y asequibles ha permitido a los sistemas de IA recopilar y procesar flujos de datos ambientales más precisos y voluminosos. Esto ha abierto la puerta a la integración de la IA en ámbitos de actividad que históricamente requerían intervención cognitiva o sensorial humana. Tareas como el reconocimiento visual, la comprensión del habla y la toma de decisiones contextualizada —antes consideradas exclusivas de la inteligencia humana— se encuentran ahora dentro de las capacidades operativas de los modelos avanzados de IA.

Un hito paradigmático de esta trayectoria es la victoria, en 2016, de AlphaGo, un sistema de IA desarrollado por DeepMind, sobre el campeón mundial Lee Sedol en el juego estratégico de tablero Go. A diferencia de formas anteriores de automatización, que operaban a partir de entradas fijas y reglas predefinidas, los sistemas actuales de IA se distinguen por su capacidad de aprender y mejorar de manera autónoma mediante la exposición iterativa a datos. Esta capacidad de aprendizaje adaptativo no solo mejora el desempeño con el tiempo, sino que también amplía los posibles ámbitos de aplicación de la IA (Jordan & Mitchell, 2015).

Como resultado, el horizonte de viabilidad tecnológica se ha desplazado. Aplicaciones antes consideradas inverosímiles —como los vehículos plenamente autónomos— se encuentran hoy en fase de prototipo y prueba en condiciones reales, señalando el inicio de una nueva era en la automatización de la toma de decisiones complejas. Aunque el plazo en que una IA general podría superar a la inteligencia humana en distintos ámbitos sigue siendo objeto de debate académico, es técnicamente plausible que, durante las próximas décadas, la IA alcance o supere muchos de los parámetros utilizados tradicionalmente para definir la superioridad cognitiva humana. En este contexto, resulta imperativo analizar la IA no solo como herramienta técnica, sino también como fuerza sociopolítica. Sus implicaciones van mucho más allá de la ciencia y la ingeniería y penetran en los campos de la ética, la economía laboral, la vigilancia y la gobernanza. Este libro aborda esa intersección. Es importante señalar que, si bien toda tecnología es inherentemente falible y el ritmo del progreso científico sigue siendo incierto, el potencial de la inteligencia artificial (IA) para transformar nuestra realidad colectiva es a la vez impresionante y sin precedentes. Esta evolución tecnológica nos obliga no solo a anticipar y adaptarnos a futuras disrupciones, sino también a imaginar y diseñar las condiciones bajo las cuales dicha transformación pueda producirse de manera equitativa y ética.

La IA constituye una tecnología poderosa y transversal cuyas aplicaciones abarcan una gama cada vez mayor de ámbitos, entre ellos —aunque no exclusivamente— la atención sanitaria, las finanzas, la logística, la educación, el transporte, la agricultura y la producción industrial. Una de las características definitorias de la IA es su capacidad de automejora mediante el aprendizaje iterativo, rasgo que la sitúa entre las denominadas *tecnologías de propósito general*, es decir, innovaciones fundamentales capaces de catalizar avances complementarios en múltiples sectores (Brynjolfsson & McAfee, 2014). Esta versatilidad ha suscitado una atención considerable por igual en los ámbitos académico, empresarial y gubernamental, no solo por su sofisticación técnica, sino por los profundos cambios sistémicos que podría provocar en la dinámica laboral, la competitividad económica y la gobernanza institucional. De hecho, numerosos economistas e historiadores de la tecnología han trazado paralelismos entre la capacidad disruptiva de la IA y anteriores épocas transformadoras de la historia humana, como las marcadas por la llegada de la electricidad o de la máquina de vapor (Mokyr, 1990; Acemoglu & Restrepo, 2018).

No obstante, las proyecciones en torno a la IA no están exentas de controversia. En un extremo del espectro, los optimistas subrayan las oportunidades de innovación, crecimiento económico y mejora del bienestar humano. En el otro, los críticos advierten sobre riesgos existenciales, incluida la denominada *singularidad tecnológica*: un escenario hipotético en el que los sistemas de IA evolucionan más allá del control y la comprensión humanos (Bostrom, 2014). Aunque tales proyecciones siguen siendo especulativas, existe un amplio consenso en que la IA alterará significativamente los mercados laborales. Sin embargo, el grado y la dirección de ese impacto distan mucho de estar resueltos.

El debate sobre los efectos de la IA en el empleo revela un panorama complejo y multidimensional. Mientras algunos estudios anticipan la creación de nuevos puestos e industrias, otros destacan riesgos de desplazamiento laboral, intensificación del trabajo, fragmentación de tareas y erosión de las relaciones sociales centradas en el ser humano dentro del lugar de trabajo. Además, encuestas de opinión pública realizadas en varios países han mostrado niveles crecientes de ansiedad respecto de la automatización, la vigilancia y los dilemas éticos asociados con la toma de decisiones algorítmica (Eurofound, 2018).

Estas preocupaciones no se limitan al ámbito económico, sino que se extienden a cuestiones éticas y jurídicas más amplias: ¿quién responde cuando fallan los sistemas de IA? ¿Cómo se protegen los datos personales en entornos algorítmicos? ¿Hasta qué punto conservan los individuos su agencia en contextos mediados por sistemas tecnológicos opacos? Es importante destacar que la evolución tecnológica no es determinista. La trayectoria del despliegue de la IA estará determinada por una constelación de factores, entre ellos los marcos jurídicos y regulatorios, las condiciones macroeconómicas, los cambios demográficos, la adaptación educativa y —de manera crítica— la aceptación social de las nuevas tecnologías. En este sentido, resulta esencial concebir el futuro no como un resultado predeterminado, sino como un espacio de construcción colectiva. Los gobiernos y las instituciones tienen, por tanto, la responsabilidad de adoptar decisiones informadas, transparentes e inclusivas respecto de la integración de la IA en el mundo del trabajo. Estas decisiones deberían fomentar una comprensión cívica de la IA, fortalecer la alfabetización tecnológica y garantizar que sus beneficios se distribuyan equitativamente en toda la sociedad. Es fundamental que las autoridades públicas establezcan salvaguardas sólidas en ámbitos como la seguridad, la responsabilidad jurídica y la rendición de cuentas algorítmica, al tiempo que promueven la adaptabilidad económica y social. El futuro del trabajo no seguirá una trayectoria única y lineal. Surgirá, más bien, de la interacción compleja entre capacidad tecnológica, respuesta institucional y valores sociales. Con este fin, el diseño responsable de sistemas de IA debe ir acompañado de estrategias igualmente reflexivas de implementación y gobernanza.

Este libro se propone examinar la inteligencia artificial no como un fenómeno abstracto o idealizado, sino como una tecnología material y contingente, cuyas capacidades son reales pero limitadas y cuyo impacto dependerá de las decisiones y estructuras que la acompañen. Al aclarar qué puede —y qué no puede— hacer la IA en un futuro previsible, buscamos ayudar a organizaciones, investigadores y responsables de políticas públicas a formular estrategias que equilibren innovación con dignidad humana, eficiencia con inclusión y progreso con rendición de cuentas. En segundo lugar, este estudio examinará los impactos mensurables de la inteligencia artificial sobre el empleo, los salarios y las estructuras ocupacionales dentro del marco de la investigación económica actual. Se realizará una revisión crítica de la evidencia empírica para identificar las principales lecciones extraídas hasta ahora, al tiempo que se propondrán nuevas líneas de investigación y enfoques metodológicos para captar mejor la naturaleza cambiante del trabajo en la era de la IA. Se introducirán estudios de caso sectoriales para ilustrar la heterogeneidad de estas transformaciones y ofrecer una comprensión más granular y multidimensional de cómo la IA reconfigura los mercados laborales en distintas industrias.

En los capítulos siguientes exploraremos también las formas en que la IA está remodelando el contenido del trabajo y modificando la manera en que las personas colaboran entre sí y con sistemas inteligentes. Se prestará especial atención al impacto de la IA en las trayectorias de aprendizaje profesional, la evolución de las identidades ocupacionales y la interacción dinámica entre sustitución y complementariedad de tareas. Estas transformaciones plantean preguntas fundamentales sobre la naturaleza de la adquisición de competencias, la transmisión del conocimiento y el futuro de la interacción entre seres humanos y máquinas.

Por último, el libro presentará una discusión integrada de los principales desafíos derivados de estos desarrollos y ofrecerá recomendaciones basadas en evidencia para actores clave, entre ellos gobiernos, organizaciones internacionales, sindicatos, sector privado y sociedad civil. Es imperativo desarrollar una estrategia coordinada que refleje las expectativas y los derechos de los ciudadanos, establezca marcos sólidos de rendición de cuentas y ciberseguridad, y oriente el cambio tecnológico de manera que promueva la cohesión, la equidad y la sostenibilidad a largo plazo. En este sentido, la IA no debe recibirse pasivamente, sino configurarse activamente mediante una gobernanza inclusiva y deliberativa.

La tesis central: la inteligencia artificial automatiza el pasado

LAS PÁGINAS ANTERIORES han ofrecido una panorámica de un campo. Esta sección formula un argumento, y es un argumento que se opone al consenso predominante.

El marco dominante de la inteligencia artificial —compartido, de manera notable, tanto por sus defensores más entusiastas como por sus críticos más alarmados— sostiene que la IA es una fuerza disruptiva. Los optimistas celebran la disrupción y los pesimistas la temen, pero ambos aceptan su premisa: que estos sistemas introducen algo genuinamente nuevo en la vida económica e institucional y que, por tanto, la tarea de la gobernanza consiste en gestionar la novedad. Casi todo el aparato de políticas públicas construido durante la última década descansa sobre esta suposición compartida.

Este libro sostiene que la premisa es errónea y que el error tiene consecuencias.

Un sistema entrenado con datos históricos solo puede proyectar regularidades que ya han ocurrido. Esto no es un defecto de implementación que pueda corregirse con mejor ingeniería o corpus más amplios; es una propiedad constitutiva de la inferencia estadística a partir de observaciones pasadas. Sea lo que sea que produzca un sistema de este tipo —un diagnóstico, una decisión crediticia, una recomendación de contratación, una frase en prosa— constituye una nueva ponderación de lo que ya ha sido registrado. La aparente novedad de la salida oculta el conservadurismo estructural del procedimiento que la generó.

De ello se deriva la afirmación central de este volumen: la inteligencia artificial no automatiza tanto el trabajo como el pasado.

Su despliegue no opera como una fuerza de transformación, sino como una fuerza de conservación acelerada. Consolida categorías ocupacionales existentes, jerarquías arraigadas, costos relativos vigentes y definiciones heredadas de práctica competente, y lo hace a una velocidad que supera la capacidad de las instituciones para examinarlas, impugnarlas o revisarlas. Las regularidades de un período se convierten en los parámetros operativos del siguiente antes de que alguien haya determinado si merecían sobrevivir.

La consecuencia es que se ha identificado erróneamente el riesgo central de la transición actual. Ese riesgo no es el desempleo tecnológico, que es mensurable, históricamente conocido y susceptible de políticas compensatorias. Es la clausura de los futuros institucionales: la sustitución progresiva del juicio, que conserva la capacidad de quebrar una regla, por la predicción, que solo puede prolongarla. Una sociedad que ha delegado sus decisiones de gran trascendencia en sistemas estructuralmente incapaces de apartarse del precedente no se ha limitado a automatizar su trabajo. Ha clausurado su propia capacidad de revisión.

Tres propiedades de esta tesis merecen destacarse desde el principio. En primer lugar, es refutable, y las condiciones de su refutación pueden especificarse: si se demostrara que los sistemas generativos producen una ruptura conceptual genuina en lugar de recombinación —si se demostrara que originan categorías ausentes de su distribución de entrenamiento—, el argumento fracasaría. Se ofrece aquí como una proposición que debe contrastarse con la evidencia, no como una convicción que deba afirmarse.

En segundo lugar, invierte el problema de la gobernanza en lugar de reformularlo. Si la IA es disruptiva, la respuesta institucional apropiada es la contención: reglas que ralenticen el despliegue, contengan el daño y ganen tiempo para la adaptación. Si la IA es conservadora en el sentido aquí defendido, la contención es precisamente el instrumento equivocado, porque el peligro no es que las cosas cambien demasiado rápido, sino que dejen de ser capaces de cambiar en absoluto. Lo que se necesita no es un freno, sino un mecanismo de revisión deliberada: capacidad institucional para interrogar y revertir las regularidades heredadas que estos sistemas están convirtiendo en permanentes. La arquitectura regulatoria construida hasta ahora está calibrada para el modo de fallo equivocado.

En tercer lugar, la tesis reorganiza, en lugar de descartar, la evidencia reunida en los capítulos siguientes. El capítulo 1 establece el límite epistemológico del que parte el argumento: qué pueden y qué no pueden hacer estos sistemas, y por qué la limitación es estructural y no provisional. El capítulo 2 demuestra que los marcos de evaluación predominantes miden la fidelidad a parámetros históricos de referencia y, por ello, son constitutivamente incapaces de detectar el efecto de conservación, pues ellos mismos son instrumentos de ese efecto. El capítulo 3 muestra que el fracaso persistente de las previsiones de empleo no es un defecto metodológico, sino un síntoma: las proyecciones fallan porque extrapolan categorías ocupacionales que la tecnología, al mismo tiempo, está congelando. El capítulo 4 examina tres sectores —atención sanitaria, transporte y banca— en los que el ritmo y la forma de adopción están determinados no por la capacidad técnica, sino por costos relativos construidos institucionalmente. El capítulo 5 aborda qué exigiría la gobernanza si el diagnóstico ofrecido aquí es correcto. El capítulo 6 reúne el argumento y expone sus consecuencias.

La pregunta que persigue este libro, entonces, no es si la inteligencia artificial transformará el trabajo. Es si las sociedades que la despliegan conservarán la capacidad institucional de decidir que alguna parte del orden que han heredado debería ser de otro modo.

CAPÍTULO 1: EXPLORACIÓN DE LOS LÍMITES DE LA INTELIGENCIA ARTIFICIAL: POTENCIAL Y DESAFÍOS

La inteligencia artificial (IA) surgió como disciplina científica diferenciada a mediados del siglo XX, estrechamente vinculada al incipiente campo de la informática. Su objetivo fundacional ha sido el diseño de sistemas computacionales capaces de emular funciones cognitivas humanas como el aprendizaje, el razonamiento, la percepción y la toma de decisiones. El término inteligencia artificial fue introducido por primera vez en 1956 durante el Dartmouth Summer Research Project, un acontecimiento seminal organizado por John McCarthy, Marvin Minsky, Nathaniel Rochester y Claude Shannon. Entre sus primeros arquitectos, figuras como el propio McCarthy, Allen Newell y Herbert A. Simon sentaron las bases de la IA simbólica y de los enfoques heurísticos para la resolución de problemas (Russell & Norvig, 2010).

Desde entonces, la IA ha experimentado profundas transformaciones y se ha expandido hasta incluir paradigmas diversos, como los sistemas expertos, los modelos probabilísticos, los algoritmos genéticos y —de manera especialmente destacada en las últimas décadas— el aprendizaje automático y su subcampo, el aprendizaje profundo. Aunque las ambiciones de la investigación temprana en IA a menudo superaban las limitaciones técnicas de la época, la convergencia de tres factores críticos en el siglo XXI ha acelerado significativamente el progreso del campo: el crecimiento exponencial de los datos disponibles (macrodatos), el aumento de la capacidad de los sistemas de cómputo —especialmente mediante GPU— y el desarrollo de redes neuronales artificiales multicapa con altas capacidades de abstracción (Chollet, 2018; Goodfellow, Bengio, & Courville, 2016).

El aprendizaje automático, definido en términos generales, se refiere a un conjunto de métodos computacionales que permiten a los sistemas mejorar su desempeño en una tarea mediante la exposición a datos, sin estar programados explícitamente para cada caso. Dentro de este marco, el aprendizaje supervisado se ha convertido en el modelo más extendido en las aplicaciones industriales. Este enfoque consiste en entrenar redes neuronales con vastos conjuntos de datos formados por pares de entrada y salida etiquetados manualmente, lo que permite al sistema aprender patrones generalizables y aplicarlos a datos nuevos no vistos previamente. Tareas como el reconocimiento de imágenes y del habla —antes consideradas dominios exclusivos de la inteligencia humana— pueden ser realizadas hoy con notable precisión por sistemas de IA, en gran medida gracias a los avances del aprendizaje profundo (LeCun, Bengio, & Hinton, 2015).

Las implicaciones de esta evolución son profundas. Del mismo modo que la máquina de vapor, el motor eléctrico y las computadoras programables mecanizaron el trabajo físico y simbólico en revoluciones industriales anteriores, los sistemas actuales de IA extienden la frontera de la automatización hacia dominios cognitivos. Los procesos de clasificación basados en modelos operan ahora sobre formatos diversos —visuales, auditivos y lingüísticos— e inauguran una nueva era en la que las máquinas realizan cada vez más tareas perceptivas e inferenciales complejas. Como señala Chollet (2018), este cambio no es meramente cuantitativo, sino cualitativo, pues altera la propia naturaleza de aquello que las máquinas son capaces de hacer.

No obstante, la capacidad de los sistemas de IA para emular ciertos aspectos de la inteligencia humana no debe confundirse con una comprensión o conciencia genuinas. Como subrayan Russell y Norvig (2010), la apariencia de inteligencia en aplicaciones como los chatbots o los motores de recomendación debe distinguirse cuidadosamente del razonamiento autónomo o de la agencia moral. Los modelos actuales de IA siguen estando limitados por su arquitectura, sus datos de entrenamiento y las restricciones de diseño.

El interés por la IA ha crecido no solo por su potencial técnico, sino también por la amplitud de sus aplicaciones en múltiples sectores. En medicina, por ejemplo, la IA apoya el diagnóstico por imágenes y los planes de tratamiento personalizados; en educación, facilita plataformas de aprendizaje adaptativo; y en la industria, optimiza la logística y el mantenimiento predictivo (Brynjolfsson & McAfee, 2014). Al mismo tiempo, el despliegue de tecnologías de IA plantea cuestiones éticas y regulatorias críticas, en particular en relación con la privacidad, el sesgo algorítmico y la concentración del poder tecnológico (Domingos, 2018).

Una comprensión plena de la IA exige, por tanto, familiaridad no solo con sus dimensiones técnicas —como el aprendizaje automático y el aprendizaje profundo—, sino también con su contexto geopolítico y socioeconómico. Países como China se han convertido en actores destacados de la carrera por la IA, movilizando estrategias dirigidas por el Estado y políticas de inversión para competir con centros consolidados desde hace tiempo, como Silicon Valley (Lee, 2018). El panorama mundial del desarrollo de la IA refleja así tanto colaboración como competencia, innovación y regulación.

En conclusión, la IA constituye un campo dinámico y de rápida evolución cuyo impacto se extiende mucho más allá del laboratorio. Su promesa de mejorar la eficiencia y la productividad debe ponderarse frente a sus consecuencias éticas, sociales e institucionales. El presente estudio adopta un enfoque realista de la IA: uno que ni exagera sus capacidades ni descarta su potencial transformador, sino que procura analizar cómo está reconfigurando los límites del trabajo humano, el conocimiento y la responsabilidad.

1.1 El límite epistemológico: inducción, precedente y estructura de la inferencia computacional

ANTES DE EXAMINAR LO que la inteligencia artificial logra en la práctica, es necesario establecer con precisión qué tipo de operación realiza. La distinción importa porque gran parte de la confusión en la literatura sobre políticas públicas proviene de tratar una limitación de principio como si fuera una limitación de grado, es decir, como un déficit de ingeniería que más datos, parámetros o capacidad de cómputo podrían llegar a subsanar.

Los sistemas analizados en este volumen, cualquiera sea su arquitectura, comparten una única estructura epistemológica: inducen. Derivan parámetros de un corpus de observaciones previas y aplican esos parámetros a casos aún no observados. El aprendizaje supervisado generaliza a partir de precedentes etiquetados. El modelado de lenguaje autosupervisado estima la probabilidad condicional de un token dado su contexto, donde tanto el vocabulario como la distribución se heredan de un conjunto fijo de textos registrados. El aprendizaje por refuerzo a partir de retroalimentación humana sustituye una señal histórica —la preferencia humana expresada— por otra. En ningún caso el procedimiento contiene un mecanismo para originar una categoría que la distribución de entrenamiento no contenga ya, aunque sea de manera implícita.

Conviene decirlo sin rodeos, porque la sofisticación de las salidas contemporáneas invita a inferir lo contrario. Un modelo que redacta un escrito jurídico competente, produce una hipótesis diagnóstica o genera una imagen en un estilo desconocido parece estar haciendo algo más que volver a ponderar precedentes. No es así. La recombinación dentro de un espacio de dimensionalidad extremadamente alta es capaz de generar salidas que ningún ser humano ha encontrado antes, y la experiencia subjetiva de novedad es genuina. Pero la novedad de la salida no equivale a novedad de categoría. El espacio dentro del cual ocurre la recombinación quedó fijado cuando se reunió el corpus.

La dificultad filosófica es antigua, y nombrarla aclara qué está en juego. Hume observó que la inducción no puede justificarse a sí misma: ninguna cantidad de regularidad pasada implica su propia continuidad. Formulaciones posteriores agudizaron el problema —la demostración de Goodman de que un número indefinido de generalizaciones incompatibles es consistente con cualquier conjunto finito de evidencia, y el reconocimiento, en la teoría del aprendizaje estadístico, de que la generalización solo es posible bajo un supuesto de estabilidad distribucional—. Todo sistema de aprendizaje automático en funcionamiento incorpora, por tanto, una premisa sustantiva sobre el mundo: que el futuro se parecerá al pasado registrado en los aspectos que el modelo ha aprendido a ponderar.

Cuando esa premisa se cumple, el sistema funciona bien y sus salidas son útiles. Cuando falla, el sistema falla, y el fallo presenta un patrón característico. La literatura lo denomina cambio de distribución y lo trata como un problema de robustez, una cuestión de degradación gradual bajo condiciones cambiantes. Ese encuadre es demasiado estrecho. El punto más profundo es normativo, no técnico: siempre que el mundo deba cambiar, un sistema entrenado con el mundo tal como era se resistirá al cambio, y lo hará respaldado por toda la autoridad de la validación estadística. Un modelo que ha aprendido qué candidatos fueron contratados históricamente, qué barrios fueron vigilados históricamente, qué pacientes recibieron tratamiento históricamente o qué prosa se consideró históricamente competente codifica esos arreglos como regularidades. Cuando se le pide evaluar una desviación respecto de ellos, registra esa desviación como improbable, es decir, como error.

Aquí reside la asimetría entre la inferencia computacional y el juicio humano que organiza el argumento de este libro. El juicio humano también es, en gran medida, inductivo; la experiencia moldea las expectativas y el precedente pesa en el razonamiento humano del mismo modo que en el razonamiento de las máquinas. Pero el juicio humano conserva una facultad de la que los sistemas inductivos carecen estructuralmente: puede reconocer una regularidad como injusta y rechazarla por ese motivo. El médico puede apartarse de la directriz. El juez puede distinguir el precedente. El evaluador puede concluir que el estándar histórico era erróneo. Esta capacidad de quebrar una regla por principio no es una característica incidental de la cognición humana que deba eliminarse como ruido mediante optimización; es el mecanismo mediante el cual las instituciones se revisan a sí mismas, y no tiene equivalente en un procedimiento cuyo único acceso a la normatividad es la frecuencia con que algo ha ocurrido anteriormente.

El registro empírico ofrece ahora confirmación directa del mecanismo, y desde una dirección inesperada. Brynjolfsson, Li y Raymond (2025), al estudiar el despliegue escalonado de un asistente generativo entre más de cinco mil agentes de atención al cliente, informan de una ganancia media de productividad de aproximadamente el quince por ciento, concentrada entre trabajadores novatos y de menor cualificación, que mejoraron en torno al treinta por ciento, mientras que las ganancias entre trabajadores experimentados y altamente cualificados fueron pequeñas y estuvieron acompañadas de un ligero descenso en la calidad de sus resultados. Los autores atribuyen este patrón a la difusión, por parte del modelo, de las prácticas tácitas de los trabajadores más capaces.

El hallazgo suele interpretarse como alentador: una tecnología que comprime la desigualdad al elevar el nivel mínimo. Leído a la luz del argumento desarrollado aquí, describe algo más equívoco. El sistema no generó una práctica nueva; propagó una práctica existente, extraída del desempeño histórico. El nivel mínimo aumentó porque la competencia pasada se distribuyó más ampliamente. El nivel máximo descendió ligeramente porque los profesionales más capaces fueron atraídos hacia una norma derivada de un período en el que constituían la excepción.

El efecto agregado es una convergencia hacia la media histórica, precisamente lo que cabría esperar de un sistema inductivo distribuido por toda una organización. Que esa convergencia constituya una mejora depende por completo de si la media histórica merecía ser el objetivo, y esa es una pregunta que el sistema no puede formular y que la métrica de productividad no puede registrar.

Tres objeciones merecen una respuesta directa.

La primera sostiene que la escala disuelve la limitación: un modelo suficientemente grande, entrenado con un corpus suficientemente amplio, aproxima el espacio de todo pensamiento expresable, reduciendo a una cuestión meramente académica la distinción entre recombinación y origen. Pero la escala amplía el espacio de recombinación sin alterar su carácter, y agrava la preocupación en lugar de aliviarla. Un corpus más grande es un depósito más grande del pasado. Codifica más regularidades, ponderadas con mayor confianza, y por ello ejerce una fuerza conservadora más intensa. La escala aumenta la autoridad del precedente; no introduce una facultad para apartarse de él.

He examinado extensamente esta cuestión en otro trabajo, desde la perspectiva de la atribución y no de la epistemología (Startari 2026a). Lo que establece ese análisis es que los sistemas generativos producen lo que puede denominarse originalidad sintética: resultados que satisfacen todas las pruebas operativas de novedad mientras consisten enteramente en recombinaciones probabilísticas de producción humana asimilada. Conviene formular el mecanismo con precisión, porque explica por qué la objeción de la escala resulta convincente y, sin embargo, es errónea. La atribución no colapsa porque las fuentes estén ausentes del corpus de entrenamiento; colapsa porque la salida disuelve el vínculo reconstruible entre el origen intelectual y su manifestación textual. La novedad es real en el nivel del artefacto y está ausente en el nivel de la categoría. La escala intensifica esto: un corpus mayor produce resultados menos rastreables a un precedente particular mientras permanecen, en conjunto, más profundamente determinados por el precedente como tal. Lo que aumenta con la escala no es la capacidad de originar, sino la dificultad de demostrar que la originación no ha ocurrido.

La segunda objeción apunta al aprendizaje por refuerzo, a sistemas que descubren estrategias que ningún ser humano ideó, cuyo caso arquetípico son los programas capaces de jugar cuyas innovaciones reconfiguraron la práctica experta en Go y ajedrez. Esta objeción tiene verdadera fuerza, y la concesión debe ser explícita: dentro de un dominio formalmente cerrado, donde las reglas son completas y el objetivo puede especificarse con exactitud, la búsqueda computacional puede originar, y de hecho origina, estrategias que van más allá del precedente humano. Pero esa condición es decisiva. Tales sistemas innovan dentro de un conjunto de reglas que no pueden cuestionar, en dirección a un objetivo que no eligieron. Son extraordinarios para descubrir consecuencias inadvertidas de reglas fijas y estructuralmente incapaces de preguntarse si las reglas deberían ser las que son. Los mercados laborales, la práctica clínica, la asignación de crédito y la administración pública no son dominios cerrados. En estos entornos, las propias reglas son el objeto en disputa, la función objetivo es precisamente aquello que está en negociación y la forma pertinente de innovación es la que revisa las reglas en lugar de explotarlas.

El argumento desarrollado aquí converge con una conclusión a la que he llegado en otro lugar por una vía diferente, y vale la pena registrar esa convergencia porque ambas líneas de investigación son independientes. En Colonization of Time (Startari 2025c) y Executable Power (Startari 2025b), abordé las infraestructuras predictivas mediante el análisis de la sintaxis y no de la epistemología, preguntándome cómo la forma del lenguaje generado por máquinas adquiere fuerza vinculante. Ese análisis concluye que los sistemas predictivos no pronostican futuros, sino que los sustituyen: una vez satisfechas las condiciones de un modelo, su salida no asesora una decisión, sino que la ejecuta, de modo que la optimización desplaza a la exploración y la tarea deja de ser la imaginación de alternativas para convertirse en la minimización del error con respecto a datos pasados. El vocabulario allí es estructural y se ocupa de lo que denominé la regla compilada y el soberano ejecutable. El vocabulario aquí es epistemológico y se ocupa de la inducción y el precedente. La conclusión es la misma, y se alcanza sin que un argumento dependa del otro: un sistema cuyo único acceso al futuro pasa por el pasado registrado estrecha lo que puede intentarse, y lo hace por su funcionamiento, no por su intención. Que dos vías distintas lleguen al mismo destino constituye una evidencia débil a favor de una tesis, pero sigue siendo evidencia, y la registro como tal.

La tercera objeción es la más reciente y, a mi juicio, la más seria. Desde 2024 ha aparecido una clase de sistemas que no emiten una respuesta directamente, sino que generan una cadena extendida de inferencias intermedias antes de responder, asignando capacidad de cómputo adicional en el momento de uso y no únicamente durante el entrenamiento. En varias clases de problemas —matemáticos, lógicos y de programación— estos sistemas superan sustancialmente a sus predecesores, y lo hacen de un modo que se asemeja lo suficiente a la deliberación como para justificar la pregunta: si un sistema puede razonar paso a paso sobre un problema, revisando sus propias conclusiones intermedias, ¿no ha adquirido algo semejante a la capacidad de juicio que el argumento precedente reserva a los seres humanos?

La pregunta merece una respuesta mejor que una mera repetición de la tesis. Concedamos lo que debe concederse. La inferencia extendida no es un avance cosmético. Permite componer cadenas de derivación más largas, detectar algunos de los propios errores del sistema y explorar una porción considerablemente mayor del espacio de soluciones posibles que la generación de una sola pasada. Cuando un problema tiene una respuesta determinada a la que puede llegarse mediante una secuencia de pasos válidos, estos sistemas encuentran respuestas que sus predecesores no encontraban.

Pero considérese en qué se emplea el cómputo adicional. Busca. Busca dentro de un espacio de regularidades aprendidas con mayor profundidad, mayor persistencia y mejor corrección de errores que antes, y el espacio que explora es el que estableció el entrenamiento. La profundidad de la búsqueda no equivale a novedad categorial. Un sistema que explora exhaustivamente una región no ha adquirido por ello la capacidad de reconocer que esa región es la equivocada, y la autocorrección que realizan estos sistemas es una corrección respecto de criterios aprendidos de validez: detecta pasos improbables dado su entrenamiento, no premisas injustas conforme a una norma que nunca ha encontrado. Es la misma facultad examinada antes, aplicada con mayor persistencia.

La distinción puede expresarse en términos de la discusión anterior sobre dominios cerrados. La inferencia extendida resulta más impresionante precisamente allí donde el dominio está cerrado: matemáticas, lógica formal, código que compila o no compila. En esos entornos, los criterios de corrección son completos e internos, y un sistema que realiza una búsqueda profunda con criterios completos encontrará lo que una búsqueda más superficial pasó por alto. Los problemas que ocupan a este libro —si una categoría ocupacional debe persistir, si un patrón histórico de contratación debe regir contrataciones futuras, si un costo relativo refleja algo más que un arreglo institucional— no son de ese tipo. Sus criterios de corrección son externos a toda especificación, están en disputa entre las partes a las que afectan y constituyen el objeto de la propia deliberación en cuestión. Una cadena de inferencia más larga a partir de las mismas premisas lleva más lejos las conclusiones derivadas de ellas. No alcanza la pregunta de si las premisas merecían ser adoptadas.

Hay, además, una consideración que juega en contra de la objeción y no a su favor. Un sistema que produce una cadena de razonamiento extensa y legible es considerablemente más persuasivo que uno que produce una mera determinación, y la persuasión no equivale a precisión. La apariencia de un razonamiento expuesto invita al lector a auditar los pasos en lugar de interrogar el punto de partida, y una cadena de inferencias individualmente válidas desde una premisa no examinada es precisamente la estructura con mayor probabilidad de escapar al escrutinio. Si la tesis de este libro es correcta, la llegada de sistemas que a la vez conservan el pasado y parecen deliberar no mitiga el problema que identifica. Lo intensifica.

En este punto es necesario distinguir el argumento presente de un conjunto de críticas al que se parece superficialmente, porque la semejanza es suficiente para que un lector pueda razonablemente entender que este libro se limita a reformular una posición ya establecida.

Varios críticos han sostenido que la inteligencia artificial funciona preservando, y no alterando, los arreglos existentes. Katz (2020) sostiene que la IA ha servido como instrumento del poder establecido a lo largo de su historia institucional, que su aparente novedad oculta la continuidad de los intereses a los que favorece y que la forma en que el campo se presenta a sí mismo como una empresa técnica neutral forma parte del propio mecanismo. Colectivos de investigación dedicados a la rendición de cuentas algorítmica han argumentado que, en ausencia de una intervención deliberada, el desarrollo de la IA reproducirá y afianzará las jerarquías sociales predominantes. En un registro relacionado, críticos de la infraestructura predictiva han observado que, cuando reguladores, aseguradoras y empresas dependen de modelos estructuralmente similares, el resultado es una forma de conservadurismo impulsado por modelos que transfiere el riesgo a quienes menos pueden absorberlo, junto con una fragilidad sistémica derivada del error correlacionado.

Estos argumentos son correctos, y el presente estudio no los discute. Pero son argumentos de otra clase, y la diferencia determina lo que se sigue de cada uno.

Las críticas recién descritas sitúan la tendencia conservadora en la economía política de la IA: en quién la financia, quién la construye, qué intereses codifican sus objetivos y qué función ideológica cumple su pretensión de neutralidad. Según esta interpretación, la conservación es consecuencia de un interés y, en principio, podría ser de otro modo. Otros financiadores, otros objetivos, diseño participativo, una redistribución del campo: la tecnología conservaría menos o conservaría otra cosa. El remedio implícito es político, y es el remedio adecuado para el problema identificado.

El argumento de este libro sitúa la tendencia conservadora en un nivel más profundo, en la propia estructura de la inferencia inductiva. Según esta interpretación, un sistema entrenado con observaciones registradas exhibiría la tendencia incluso si sus financiadores fueran desinteresados, sus objetivos fueran benevolentes y su diseño fuera plenamente participativo, porque la restricción no reside en a quién pertenece el pasado codificado, sino en que se codifica un pasado, y en que la proyección a partir del precedente no puede originar aquello que el precedente no contiene. Ambas explicaciones son compatibles y se refuerzan mutuamente: la crítica política explica qué arreglos se conservan, y el argumento epistemológico explica por qué ocurre la conservación. Ninguna sustituye a la otra.

La evidencia a favor de la lectura operativa, a diferencia de la intencional, procede de una dirección que quizá no resulte evidente. En un trabajo que analiza cómo los sistemas generativos tratan material geopolítico (Startari 2026b), he sostenido que las jerarquías heredadas pueden reproducirse mediante operaciones textuales completamente ordinarias —compresión, recontextualización, nominalización, eliminación del agente, selección léxica, ponderación de fuentes— sin ningún compromiso ideológico explícito por parte del sistema ni de sus diseñadores. El hallazgo importa aquí porque separa empíricamente ambas explicaciones, y no solo de manera conceptual. Si la conservación requiriera interés, aparecería allí donde el interés está presente y estaría ausente donde no lo está. Si se desprende de la estructura de las propias operaciones, aparecerá en el funcionamiento ordinario de sistemas cuyos diseñadores no sostienen ninguna postura relevante al respecto, que es lo que indica el análisis de esos casos.

La consecuencia de adoptar la vía epistemológica es que cambia el remedio. Si la conservación se deriva de los intereses en juego, basta con corregirlos. Si se deriva de la estructura de la inferencia, ninguna corrección de esos intereses la eliminará, y la exigencia pasa a ser institucional y no técnica: una capacidad para reconsiderar y revertir periódicamente lo que los sistemas han codificado, mantenida deliberadamente porque nada en la tecnología la proporcionará. Por eso el argumento de gobernanza desarrollado en el capítulo 6 diverge de las recomendaciones que suelen acompañar a la crítica política. También por eso la tesis es falsable de una manera que las críticas del interés no lo son, pues su validez depende de una afirmación acerca de lo que los sistemas inductivos pueden hacer, y no sobre una afirmación acerca de a quién sirven.

Este es, entonces, el límite epistemológico desde el cual procede el resto del libro. No se afirma que estos sistemas sean ineficaces, ni que sus resultados carezcan de valor, ni que la cognición humana esté místicamente exenta de descripción computacional. Es una afirmación más acotada y de mayores consecuencias: que los sistemas inductivos solo pueden conservar, que conservan a una velocidad y una escala a las que ninguna tecnología anterior basada en el precedente se ha acercado y que las consecuencias institucionales de esta propiedad han sido casi enteramente ignoradas por una literatura preocupada por la disrupción. Las secciones siguientes examinan los ámbitos en los que esta propiedad está operando ahora.

1.2 Inteligencia artificial aplicada: ámbitos, logros y limitaciones

LAS APLICACIONES PRÁCTICAS de la inteligencia artificial (IA) se han expandido rápidamente en los últimos años y han mostrado impactos mensurables en ámbitos diversos como la atención sanitaria, la educación y las finanzas. Estos sectores se han convertido en ejemplos emblemáticos de cómo la IA puede mejorar la precisión, la personalización y la eficiencia en la toma de decisiones, al tiempo que expone las limitaciones éticas, infraestructurales y epistemológicas de las tecnologías actuales.

En el ámbito sanitario, la IA ha demostrado una notable utilidad en la detección temprana de enfermedades y el apoyo diagnóstico. Un estudio de referencia de Esteva et al. (2017) demostró que las redes neuronales convolucionales podían igualar a los dermatólogos en la clasificación del cáncer de piel mediante imágenes fotográficas de lesiones. De manera similar, Rajpurkar et al. (2017) desarrollaron el modelo CheXNet, una red neuronal convolucional de 121 capas capaz de detectar neumonía en radiografías de tórax con una precisión comparable a la de un radiólogo. Más recientemente, los avances han continuado con arquitecturas basadas en transformadores, como BioGPT y Med-PaLM, desarrolladas por Microsoft y Google, respectivamente, para interpretar notas clínicas, decisiones de triaje y datos radiológicos (Singhal et al., 2023).

En el sector educativo, la IA se está aplicando para facilitar experiencias de aprendizaje personalizadas. Sistemas de tutoría inteligente como *Smart Sparrow* (VanLehn et al., 2005) y *ALEKS* (Assessment and Learning in Knowledge Spaces) utilizan algoritmos de aprendizaje adaptativo para ajustar el contenido didáctico al progreso, las fortalezas y las preferencias de los estudiantes. Más recientemente, grandes modelos de lenguaje (LLM) como GPT-4 han comenzado a desempeñar funciones de tutores de escritura, interlocutores para el aprendizaje de idiomas e incluso asistentes para el diseño curricular, aunque persisten inquietudes respecto de su fiabilidad y fundamentación fáctica (Zawacki-Richter et al., 2019).

En finanzas, la IA se utiliza ampliamente en la detección de fraude, el modelado de riesgos y la optimización de carteras. Chen et al. (2016) desarrollaron un modelo de aprendizaje profundo para detectar fraude con tarjetas de crédito con alta precisión, mediante el reconocimiento de patrones de comportamiento en grandes conjuntos de datos transaccionales. Por su parte, Crosby et al. (2017) demostraron cómo pueden entrenarse redes neuronales para predecir tendencias en los precios de las acciones y optimizar estrategias de inversión. Estos modelos han seguido evolucionando, y los sistemas actuales de negociación con IA incorporan aprendizaje por refuerzo para adaptarse al mercado en tiempo real (Zhang et al., 2021).

Estas aplicaciones revelan las importantes contribuciones de la IA al aumento de la precisión, la eficiencia y la personalización. Sin embargo, también ponen de relieve limitaciones persistentes que deben abordarse. Una restricción crítica es la intensidad computacional de los sistemas de IA. El entrenamiento de modelos de aprendizaje profundo de vanguardia puede requerir inversiones de cientos de miles de dólares o más en cómputo con GPU en la nube, además de un elevado consumo energético y una considerable huella de carbono (Jia, 2019; Patterson et al., 2021).

Otra limitación reside en la explicabilidad. Aunque los sistemas de IA pueden realizar tareas de clasificación y predicción de gran complejidad, a menudo funcionan como «cajas negras» y ofrecen poca o ninguna transparencia acerca de cómo se toman las decisiones. Por ejemplo, un modelo de reconocimiento de imágenes entrenado para distinguir entre gatos y perros puede obtener buenos resultados estadísticos y, sin embargo, ser completamente incapaz de ofrecer una explicación comprensible para un ser humano sobre la lógica de su clasificación (Russell & Norvig, 2010). Esta cuestión resulta especialmente preocupante en ámbitos de alto riesgo, como el diagnóstico médico o la detección de fraude financiero, donde la rendición de cuentas y la interpretabilidad son esenciales (Doshi-Velez & Kim, 2017). Además, los sistemas de IA están fundamentalmente limitados por la calidad y representatividad de los datos con los que se entrenan. Los sesgos incorporados en los conjuntos de datos de entrenamiento pueden perpetuar o agravar desigualdades, en particular en aplicaciones que implican elaboración de perfiles de personas o vigilancia policial predictiva. La suposición de que los patrones aprendidos de datos históricos se generalizarán a contextos del mundo real suele ser injustificada, especialmente en entornos dinámicos o culturalmente sensibles (Barocas, Hardt, & Narayanan, 2019). Por tanto, aunque la IA sigue logrando avances significativos, permanece lejos de reproducir todo el alcance del razonamiento humano, la comprensión contextual y la deliberación ética. Su progreso debe situarse dentro de un marco de realismo crítico que reconozca tanto los logros como las limitaciones de los sistemas actuales y promueva una agenda de investigación centrada en la interpretabilidad, la robustez y la rendición de cuentas ante la sociedad.

1.3 Limitaciones actuales y carácter insustituible de la inteligencia humana

A PESAR DE LOS IMPRESIONANTES avances realizados en el campo de la inteligencia artificial, varias limitaciones críticas siguen obstaculizando su capacidad para reproducir o superar la inteligencia humana tanto en tareas complejas como en otras engañosamente simples. Estas restricciones se asocian principalmente con la disponibilidad, calidad y representatividad de los macrodatos, así como con la opacidad epistemológica de los sistemas de IA que no se sustentan en marcos deterministas (Bostrom, 2017; LeCun, Bengio, & Hinton, 2015). Entrenar modelos avanzados de IA —en particular arquitecturas de aprendizaje profundo— requiere enormes recursos computacionales y conjuntos de datos masivos y meticulosamente curados. Los datos no solo deben ser anotados por expertos humanos, sino que también deben representar adecuadamente la diversidad y complejidad de los fenómenos del mundo real que se modelan. De lo contrario, los resultados del algoritmo se vuelven poco fiables o sesgadas. Además, incluso los sistemas bien entrenados suelen tener dificultades para generalizar más allá de la distribución de sus datos de entrenamiento, lo que da lugar al denominado cambio de distribución y compromete su robustez en contextos novedosos (Recht et al., 2019). Una de las preocupaciones más urgentes en este contexto es la reproducción del sesgo algorítmico. Cuando los datos de entrenamiento incluyen desigualdades históricas o discriminación estructural, los sistemas de IA pueden perpetuar e incluso amplificar esas injusticias. Un conocido estudio de Obermeyer et al. (2019) reveló que un algoritmo sanitario de uso extendido presentaba un sesgo racial significativo al subestimar sistemáticamente las necesidades de salud de pacientes negros en comparación con pacientes blancos con condiciones clínicas similares. Estos sesgos plantean serias preguntas sobre la legitimidad y la equidad de la toma de decisiones algorítmica, en particular en ámbitos sensibles como la atención sanitaria, el empleo, la calificación crediticia y la aplicación de la ley (Barocas et al., 2019).

Los desafíos técnicos y éticos asociados con estos sesgos subrayan el papel indispensable de la supervisión humana. Garantizar la calidad y la equidad de los datos exige una intervención humana considerable, no solo durante la recopilación y el etiquetado de datos, sino también durante la validación posterior al entrenamiento y la interpretación contextual. Como señalan Floridi et al. (2018), una IA digna de confianza exige transparencia, rendición de cuentas y pruebas continuas sobre el terreno para mitigar daños no intencionados y garantizar que los resultados del sistema se ajusten a valores humanos normativos. Además, la aspiración de alcanzar una IA general o «fuerte» —sistemas capaces de comprender, aprender y razonar en una amplia variedad de tareas y ámbitos— sigue lejos de materializarse. La IA actual opera casi exclusivamente en contextos estrechos o específicos de una tarea. Sobresale en clasificación, predicción o reconocimiento de patrones dentro de parámetros definidos, pero carece de la flexibilidad cognitiva, el razonamiento moral y la profundidad emocional que caracterizan a la inteligencia humana. Como señala Gomila (2021), los sistemas de IA funcionan dentro de entornos deterministas y carecen de la capacidad para una empatía genuina o de comprensión social holística. Su «inteligencia» está limitada por el contexto y no es reflexiva, por lo que no puede adaptarse a la naturaleza abierta, matizada y dinámica de las relaciones humanas. Esta distinción es especialmente importante en ámbitos que exigen deliberación ética, juicio interpretativo y empatía, capacidades que, por ahora, siguen siendo exclusivamente humanas. Aunque la IA puede apoyar o ampliar la toma de decisiones, no puede sustituir las dimensiones intrínsecamente humanas del cuidado, la justicia y la construcción de sentido. Brynjolfsson y McAfee (2014) sostienen acertadamente que la IA puede optimizar tareas bien definidas, pero carece de la metaconciencia y la reflexividad contextual necesarias para una autonomía plena. Desde esta perspectiva, en lugar de perseguir la ilusión de una automatización total, el camino más constructivo consiste en diseñar sistemas híbridos en los que la IA complemente la pericia humana. Estos sistemas deberían construirse sobre marcos de responsabilidad compartida que preserven la agencia humana al tiempo que aprovechan las ventajas computacionales de la inteligencia de las máquinas.

CAPÍTULO 2: PERSPECTIVAS SOBRE LA EVALUACIÓN DEL IMPACTO DE LA IA

La inteligencia artificial (IA) constituye un campo intrínsecamente interdisciplinario situado en la intersección de la informática, la ciencia cognitiva, las matemáticas y la ingeniería. Su principal objetivo es desarrollar sistemas capaces de emular o reproducir funciones tradicionalmente asociadas con la inteligencia humana, como la percepción, el razonamiento, la toma de decisiones y el aprendizaje. Este propósito implica no solo el diseño de algoritmos complejos y estructuras de datos, sino también la incorporación de modelos capaces de funcionar en contextos inciertos, dinámicos y socialmente situados.

Los diversos enfoques de la IA pueden clasificarse, en términos generales, en paradigmas simbólicos y subsimbólicos, cada uno con su propia trayectoria histórica, supuestos epistemológicos y ámbitos de aplicación.

2.1 Enfoques simbólicos y subsimbólicos de la IA

LA INTELIGENCIA ARTIFICIAL simbólica, comúnmente denominada Good Old-Fashioned Artificial Intelligence (GOFAI), se basa en el principio de que el comportamiento inteligente puede modelarse mediante la manipulación de símbolos abstractos regidos por reglas lógicas formales. Este paradigma surgió de la hipótesis del sistema físico de símbolos formulada por Newell y Simon en la década de 1970, según la cual todo sistema capaz de una acción inteligente debe operar sobre estructuras simbólicas mediante transformaciones basadas en reglas. Dentro de este marco, el conocimiento se representa de manera explícita, lo que permite a los sistemas razonar mediante mecanismos estructurados de inferencia. Técnicas como la lógica proposicional, la lógica de predicados, las redes semánticas, los marcos y las reglas de producción constituyen las herramientas fundamentales de la IA simbólica.

Entre las implementaciones más influyentes de la IA simbólica se encontraban los sistemas expertos, que alcanzaron su máximo desarrollo e implantación durante la década de 1980 y comienzos de la de 1990. Estos sistemas codificaban conocimientos especializados de un dominio mediante un conjunto de reglas declarativas «si-entonces», procesadas por un motor de inferencia capaz de realizar encadenamiento hacia adelante o hacia atrás. Entre los ejemplos más destacados se encuentran MYCIN, un sistema de diagnóstico médico diseñado para identificar infecciones bacterianas y recomendar tratamientos, y XCON, un configurador basado en reglas desarrollado por Digital Equipment Corporation para automatizar el ensamblaje de sistemas informáticos. Estos sistemas demostraron que era posible formalizar el conocimiento profesional y automatizar la toma de decisiones en dominios restringidos (Russell & Norvig, 2010).

A pesar de sus éxitos, los sistemas de IA simbólica encontraron varias limitaciones, en particular para manejar información incompleta, incierta o ambigua y para afrontar la complejidad del mundo real a gran escala. Su rigidez y dependencia de conjuntos de reglas elaborados manualmente también los hacían costosos de mantener y difíciles de generalizar más allá de contextos estrechamente definidos. Estas restricciones contribuyeron al posterior declive de GOFAI como paradigma dominante, especialmente con el auge de los enfoques estadísticos y basados en datos a finales de la década de 1990 y comienzos de la de 2000. No obstante, los avances recientes en sistemas híbridos neurosimbólicos han reavivado el interés por integrar el razonamiento simbólico con técnicas de aprendizaje automático, buscando combinar la transparencia y el rigor formal de los métodos simbólicos con la flexibilidad y escalabilidad de los modelos neuronales modernos (Besold et al., 2017; Marcus, 2020).

Si bien la inteligencia artificial simbólica muestra un sólido desempeño en dominios bien estructurados, caracterizados por una lógica y unas restricciones definidas explícitamente —como el razonamiento jurídico, la verificación formal o la planificación determinista—, su aplicabilidad disminuye cuando se enfrenta a entornos que implican ambigüedad, incertidumbre o complejidad sensorial. Estas limitaciones impulsaron el desarrollo de enfoques alternativos mejor adaptados a problemas dinámicos y menos formalmente definidos. La inteligencia artificial subsimbólica, surgida de esta necesidad, se aparta del razonamiento explícito basado en reglas al recurrir a la inferencia estadística y al aprendizaje adaptativo a partir de datos.

La IA subsimbólica abarca una amplia variedad de modelos que infieren patrones sin depender de estructuras simbólicas predefinidas. Estos modelos incluyen redes neuronales artificiales, algoritmos genéticos, máquinas de vectores de soporte y modelos ocultos de Markov. A diferencia de los sistemas simbólicos, que requieren la codificación manual del conocimiento, los métodos subsimbólicos están diseñados para generalizar a partir de datos, aprendiendo representaciones implícitas mediante el entrenamiento. Uno de los avances más transformadores en este ámbito es el aprendizaje profundo, que utiliza redes neuronales multicapa para captar características complejas y de alta dimensionalidad en los conjuntos de datos. Las redes neuronales convolucionales (CNN) han alcanzado un desempeño de vanguardia en tareas de reconocimiento visual, mientras que las redes neuronales recurrentes (RNN) y sus sucesoras —como las redes de memoria a corto y largo plazo (LSTM) y los transformers— han sido fundamentales para procesar datos secuenciales en aplicaciones que incluyen reconocimiento del habla, traducción automática y pronóstico de series temporales (Goodfellow, Bengio, & Courville, 2016; Vaswani et al., 2017).

Estas técnicas subsimbólicas han superado a la IA simbólica en numerosas aplicaciones del mundo real, particularmente en dominios donde los patrones son latentes, de alta dimensionalidad o dependientes del contexto. El procesamiento del lenguaje natural, la visión por computadora y los sistemas autónomos son ejemplos destacados en los que el aprendizaje estadístico supera a los enfoques basados en reglas. Sin embargo, la adopción generalizada de estos modelos ha introducido desafíos críticos relacionados con la interpretabilidad. Los modelos de aprendizaje profundo, en particular, suelen considerarse «cajas negras», ya que sus representaciones internas y sus procesos de toma de decisiones no son fácilmente transparentes ni explicables. Esta opacidad plantea importantes preocupaciones éticas y prácticas, especialmente en contextos de alto riesgo como el diagnóstico médico, la justicia penal o la toma de decisiones financieras, donde la rendición de cuentas, la mitigación de sesgos y la fiabilidad son esenciales (Doshi-Velez & Kim, 2017; Lipton, 2018).

A medida que avanza el campo, la tensión entre la precisión predictiva y la interpretabilidad se ha convertido en una preocupación central de la investigación en IA. Abordar este desafío exige marcos novedosos capaces de equilibrar la adaptabilidad y escalabilidad de los sistemas subsimbólicos con la necesidad de transparencia, auditabilidad y alineación con los valores humanos.

2.2 Más allá de los algoritmos: ampliación del alcance de la evaluación de la IA

LA INTELIGENCIA ARTIFICIAL (IA) se extiende mucho más allá del diseño algorítmico y los modelos computacionales. Su alcance contemporáneo abarca una amplia variedad de ámbitos, entre ellos el razonamiento probabilístico, la planificación automatizada, la visión por computadora, la robótica, los sistemas multiagente y la interacción humano-computadora. Estas áreas de aplicación no son de naturaleza meramente técnica; requieren la capacidad de funcionar en entornos abiertos, dinámicos y, con frecuencia, impredecibles. Por ello, el éxito de los sistemas de IA en estos ámbitos depende no solo del rendimiento computacional, sino también de su capacidad para adaptarse, interactuar y operar de manera segura y ética en el mundo real.

Con la creciente implantación de sistemas de IA en contextos con importantes consecuencias sociales, las limitaciones de las métricas tradicionales de evaluación —como precisión, exhaustividad, puntuación F1 y eficiencia computacional— se han vuelto cada vez más evidentes. En áreas como el diagnóstico médico, la toma de decisiones judiciales, la contratación algorítmica, la evaluación del riesgo financiero y la conducción autónoma, el rendimiento no puede separarse de sus consecuencias sociales más amplias. Las decisiones adoptadas por sistemas de IA en estos ámbitos tienen implicaciones directas para la vida humana, las libertades civiles y la equidad sistémica (Eubanks, 2018; Mittelstadt et al., 2016). Por ello, la necesidad de marcos holísticos de evaluación se ha convertido en una preocupación central de la investigación y la gobernanza contemporáneas de la IA. Estos marcos deben integrar dimensiones éticas, jurídicas y sociales en los procesos de desarrollo y evaluación. Conceptos como equidad, rendición de cuentas, transparencia y explicabilidad —a menudo abreviados como FATE— han surgido como principios fundamentales para evaluar los sistemas de IA más allá de su capacidad predictiva (Floridi et al., 2018; Selbst et al., 2019). Por ejemplo, un algoritmo de contratación que optimiza la precisión pero perjudica sistemáticamente a grupos marginados debido a datos de entrenamiento sesgados no puede considerarse aceptable, independientemente de su rendimiento técnico. Además, el contexto operativo de los sistemas de IA debe considerarse un componente esencial de su evaluación. Un vehículo autónomo que funciona bien en entornos controlados puede fallar en condiciones reales que impliquen un comportamiento impredecible de los peatones, variaciones meteorológicas o señalización ambigua. De manera similar, una herramienta de diagnóstico puede mostrar una elevada precisión en entornos de prueba y, sin embargo, encontrar graves limitaciones al desplegarse en sistemas sanitarios con pocos recursos debido a problemas de infraestructura, capacitación de los usuarios o desajustes culturales.

Para hacer frente a estos desafíos, investigadores y responsables de políticas públicas reclaman cada vez más enfoques interdisciplinarios que combinen aportes de la informática, el derecho, la ética y las ciencias sociales. Esto implica no solo diseñar salvaguardas técnicas, sino también involucrar a las comunidades afectadas, las partes interesadas y los expertos de cada ámbito a lo largo de todo el ciclo de vida de los sistemas de IA. El diseño participativo, las evaluaciones de impacto, las auditorías algorítmicas y los comités de revisión ética son ejemplos de herramientas que pueden ayudar a reducir la brecha entre el rendimiento algorítmico y la responsabilidad social (Whittlestone et al., 2019; Jobin, Ienca, & Vayena, 2019). En suma, evaluar los sistemas de IA exige pasar de métricas estrechas centradas en el rendimiento a marcos integrales y sensibles al contexto que tengan en cuenta las consecuencias más amplias de la automatización inteligente. Esta ampliación resulta esencial para garantizar que los sistemas de IA no sirvan únicamente a la eficiencia y la innovación, sino también a la justicia, la dignidad y la supervisión democrática.

2.3 Los desafíos centrales: interpretabilidad, ética y sesgo

LA INTERPRETABILIDAD sigue siendo uno de los desafíos más urgentes y no resueltos de la inteligencia artificial (IA) contemporánea, en particular en relación con los modelos de aprendizaje profundo. A medida que los sistemas de IA adoptan arquitecturas cada vez más complejas —como redes neuronales convolucionales, transformers y redes generativas antagónicas—, sus procesos internos de toma de decisiones se vuelven opacos tanto para los desarrolladores como para los usuarios finales. Este fenómeno, denominado con frecuencia problema de la «caja negra», menoscaba la capacidad de rastrear, explicar o justificar los resultados de los modelos, especialmente en aplicaciones de alto riesgo como el diagnóstico médico, la determinación de penas en el ámbito penal o la aprobación de créditos (Doshi-Velez & Kim, 2017). En tales contextos, la falta de explicabilidad no constituye un inconveniente técnico, sino un déficit normativo que compromete la transparencia, la confianza y la responsabilidad jurídica. Esta falta de interpretabilidad plantea riesgos significativos para la gobernanza democrática y los principios del Estado de derecho. Cuando personas o instituciones quedan sujetas a decisiones adoptadas por algoritmos que no pueden interrogar ni impugnar, pueden verse comprometidos derechos fundamentales como el debido proceso y la igualdad ante la ley. Como consecuencia, la demanda de IA explicable (XAI) ha aumentado con rapidez en los ámbitos regulatorio, técnico y ético, impulsando a los investigadores a explorar métodos como la destilación de modelos, las aproximaciones locales (por ejemplo, LIME o SHAP) y el diseño de modelos intrínsecamente interpretables (Rudin, 2019). Paralelamente, la ética de la IA se ha convertido en un eje central del debate académico y de políticas públicas a escala mundial. Entre las principales preocupaciones éticas se encuentran la equidad algorítmica, la discriminación, la privacidad, la vigilancia y la delegación de decisiones moralmente relevantes en sistemas autónomos. Dado que los sistemas de aprendizaje automático se entrenan con conjuntos de datos a gran escala —a menudo recopilados de la web o de repositorios institucionales—, corren el riesgo de heredar y amplificar los sesgos históricos y estructurales incorporados en esos datos (Barocas, Hardt, & Narayanan, 2019). Por ejemplo, se ha demostrado que las herramientas de vigilancia policial predictiva se centran de manera desproporcionada en comunidades marginadas, mientras que ciertos algoritmos de contratación han penalizado inadvertidamente a mujeres o minorías étnicas debido a datos de entrenamiento desequilibrados (Angwin et al., 2016).

Estos riesgos no son meras fallas técnicas, sino que reflejan asimetrías sociopolíticas más profundas. Abordarlos exige ir más allá de simples ajustes algorítmicos para examinar los sistemas más amplios de recopilación de datos, representación y uso institucional. Además, las preocupaciones sobre la privacidad se han intensificado a medida que los sistemas de IA dependen cada vez más de infraestructuras de vigilancia, identificación biométrica y seguimiento del comportamiento. Esto ha reactivado los debates sobre la propiedad de los datos, el consentimiento informado y los límites de la elaboración algorítmica de perfiles, en particular bajo regímenes jurídicos como el Reglamento General de Protección de Datos (RGPD) y la legislación emergente sobre IA en la Unión Europea (Veale & Edwards, 2018). La IA ética también plantea la cuestión de la agencia moral: ¿hasta qué punto pueden o deben los sistemas autónomos tomar decisiones en situaciones moralmente ambiguas? Los vehículos autónomos, por ejemplo, pueden enfrentarse a escenarios semejantes al dilema del tranvía que exigen ponderar vidas en condiciones de incertidumbre. Tales dilemas ponen de relieve la necesidad de incorporar el razonamiento ético al diseño, la implantación y la gobernanza de las tecnologías de IA (Boddington, 2017).

En última instancia, garantizar que los sistemas de IA sean interpretables, éticos y sensibles a los sesgos requiere una convergencia entre rigor técnico y reflexión normativa. Exige colaboración interdisciplinaria entre informáticos, juristas, especialistas en ética, sociólogos y comunidades afectadas. También demanda estructuras institucionales capaces de ejercer supervisión, ofrecer mecanismos de reparación y facilitar la deliberación pública. Sin estas medidas, la legitimidad social y la sostenibilidad a largo plazo de las innovaciones en IA permanecen en riesgo.

2.4 Hacia una IA responsable

LA INTELIGENCIA ARTIFICIAL no es meramente una disciplina tecnológica, sino un sistema sociotécnico transformador cuya influencia se extiende a casi todos los ámbitos de la vida pública y privada. A medida que los sistemas de IA intervienen cada vez más en los procesos de toma de decisiones en la salud, las finanzas, la educación, el transporte y la gobernanza, el desarrollo de una IA responsable se convierte en un imperativo fundamental. La responsabilidad, en este contexto, implica más que corrección funcional o rendimiento técnico; abarca cuestiones de rendición de cuentas, transparencia, equidad y alineación con los valores sociales.

La integración de métodos simbólicos y subsimbólicos ha permitido a la IA abordar un conjunto creciente de problemas del mundo real, desde la negociación de alta frecuencia hasta la navegación autónoma y la comprensión del lenguaje natural. Sin embargo, las consecuencias sociales de estas aplicaciones suelen ser difusas, acumulativas y difíciles de predecir. Esto subraya la necesidad de un marco interdisciplinario para el desarrollo de la IA, informado no solo por los avances de la informática, sino también por los aportes de la ética, el derecho, la sociología y la teoría política (Crawford & Calo, 2016).

Por lo tanto, un enfoque responsable de la IA debe ir más allá de evaluaciones estrechamente técnicas y abordar las dimensiones normativas del diseño y la implantación de sistemas. Esto incluye establecer mecanismos de supervisión democrática, garantizar la equidad procedimental en los procesos algorítmicos y proteger derechos fundamentales como la privacidad, la no discriminación y la libertad de expresión. Asimismo, el principio de proporcionalidad debe orientar la implementación de la IA en contextos donde su impacto sobre las personas y las instituciones pueda ser profundo. Las tecnologías que afectan las libertades civiles, como el reconocimiento facial o el análisis predictivo en la justicia penal, requieren estándares más estrictos de justificación y rendición de cuentas pública (Whittaker et al., 2018).

Hacer operativa una IA responsable exige una gobernanza tanto ex ante como ex post. Por un lado, las medidas ex ante incluyen evaluaciones de impacto ético, procesos de diseño participativo y la adopción de herramientas que refuercen la transparencia, como la documentación de modelos (por ejemplo, fichas técnicas de conjuntos de datos y fichas de modelos). Por otro lado, la gobernanza ex post comprende mecanismos de auditabilidad, reparación algorítmica y responsabilidad institucional por los daños relacionados con la IA (Brundage et al., 2020). Además, la IA responsable debe adoptar una perspectiva global, pero estar arraigada en los contextos locales. Si bien organizaciones internacionales como la OCDE, la UNESCO y la Comisión Europea han propuesto marcos normativos para una IA ética, la implementación concreta de estos principios debe ser sensible a las diferencias contextuales de derecho, cultura y capacidad institucional. En regiones con instituciones regulatorias más débiles, sigue siendo elevado el riesgo de colonización tecnológica, en la que sistemas de IA desarrollados en otros lugares se implantan sin una adaptación suficiente.

En última instancia, la evaluación de lo que la IA puede hacer debe complementarse con una deliberación cuidadosa sobre lo que la IA debería hacer. Esto exige un cambio en las prioridades de investigación y de políticas públicas: de la optimización y la escalabilidad a la reflexión y la moderación; de la eficiencia a la legitimidad; del control a la cooperación. Sin un paradigma de este tipo, el pleno potencial de la inteligencia artificial puede verse eclipsado por consecuencias no deseadas y por la fragmentación social.

CAPÍTULO 3: IA Y EMPLEO — ENTRE EL DESPLAZAMIENTO LABORAL Y LA TRANSFORMACIÓN

La adopción de la inteligencia artificial (IA) en el lugar de trabajo presenta una compleja interacción de oportunidades y riesgos para los trabajadores, las empresas y las instituciones públicas. Por un lado, la automatización de tareas repetitivas, peligrosas o cognitivamente exigentes ofrece la promesa de aumentar la productividad, reducir los riesgos laborales y reasignar el esfuerzo humano hacia actividades de mayor valor. En este sentido, la IA puede contribuir a mejorar la calidad del empleo al liberar a los trabajadores de rutinas monótonas y reforzar la seguridad laboral en sectores como la manufactura, la logística y la atención sanitaria (Autor, 2015; Bessen, 2019).

Por otro lado, estos avances tecnológicos no están exentos de importantes desafíos estructurales. La introducción de sistemas de IA suele provocar el desplazamiento de trabajadores en ocupaciones cuyas tareas pueden automatizarse total o parcialmente, en particular en funciones de oficina, administrativas y con un alto componente rutinario. A medida que las máquinas adquieren la capacidad de realizar funciones cognitivas que antes se consideraban exclusivas de los seres humanos —como el procesamiento del lenguaje, la toma de decisiones bajo incertidumbre y el reconocimiento visual—, continúa ampliándose el conjunto de empleos en riesgo (Frey & Osborne, 2017; Brynjolfsson & Mitchell, 2017).

Además, la reconfiguración de las tareas dentro de las ocupaciones introduce el problema de la obsolescencia de competencias. Los trabajadores pueden descubrir que sus capacidades ya no se ajustan a las exigencias de entornos laborales con apoyo de IA, en los que la alfabetización digital, el análisis de datos y la colaboración interfuncional adquieren una importancia creciente. El consiguiente desajuste de competencias puede agravar las desigualdades ya existentes en el mercado laboral, afectando especialmente a los trabajadores poco cualificados y a quienes se encuentran en empleos precarios (Chui et al., 2018).

El rediseño organizacional es otra consecuencia importante de la integración de la IA. Las empresas que adoptan IA deben adaptar sus flujos de trabajo, sus procesos de toma de decisiones y sus estrategias de recursos humanos al nuevo entorno tecnológico. Esto incluye redefinir funciones laborales, redistribuir responsabilidades entre seres humanos y máquinas e invertir en programas de reconversión profesional y gestión del cambio. La capacidad de las empresas para aplicar estos cambios de forma equitativa y eficaz determinará en gran medida los resultados sociales y económicos de la adopción de la IA.

Por lo tanto, la integración de la IA en el lugar de trabajo debe ir acompañada de una gobernanza proactiva que incluya políticas laborales sólidas, sistemas de formación continua y estrategias de innovación inclusivas. Sin esfuerzos coordinados entre empleadores, gobiernos y sociedad civil, los beneficios de la IA pueden concentrarse en unos pocos actores mientras los costos sociales se distribuyen ampliamente. Un enfoque de la transición tecnológica centrado en el ser humano, sustentado en el diálogo social y el apoyo institucional, es esencial para garantizar que la IA actúe como complemento del trabajo humano y no como su sustituto.

3.1 Oportunidades: mejora de las tareas y seguridad laboral

LA INTEGRACIÓN DE LA inteligencia artificial (IA) en el lugar de trabajo introduce una serie de oportunidades transformadoras que van más allá de la mera automatización. Uno de los beneficios más inmediatos y tangibles reside en la capacidad de los sistemas de IA para realizar tareas repetitivas, físicamente exigentes o peligrosas, mejorando así tanto la eficiencia como la seguridad laboral. En entornos industriales, por ejemplo, los robots dotados de IA se emplean cada vez más en ambientes que plantean riesgos para la salud humana —como la manufactura a altas temperaturas, la manipulación de sustancias químicas o el levantamiento de cargas pesadas—, reduciendo de este modo los accidentes laborales y facilitando el cumplimiento de estrictas normas de seguridad (De Stefano & Wouters, 2020; International Labour Organization, 2023).

Más allá de la seguridad física, la reasignación a las máquinas de tareas rutinarias o de baja complejidad permite que los trabajadores humanos se dediquen a actividades más exigentes desde el punto de vista cognitivo y más complejas en el plano emocional. Entre ellas se encuentran la toma de decisiones estratégicas, la resolución creativa de problemas y la comunicación interpersonal, difíciles de automatizar y que contribuyen significativamente a la satisfacción laboral y al bienestar individual. Los estudios empíricos han demostrado que el enriquecimiento del contenido de las tareas —cuando está respaldado por una formación adecuada y apoyo organizacional— puede traducirse en mayor productividad, un mayor compromiso de los empleados y una mejor calidad del servicio, especialmente en sectores como la salud, la educación y los servicios profesionales (Arntz, Gregory, & Zierahn, 2016; Acemoglu & Restrepo, 2019).

La IA también facilita la colaboración humano-máquina en diversas configuraciones híbridas. En ámbitos como el diagnóstico médico, el asesoramiento financiero, la traducción de idiomas y la atención al cliente, los sistemas de IA se utilizan cada vez más como herramientas de apoyo a la toma de decisiones. En lugar de sustituir el juicio humano, estos sistemas amplían las capacidades cognitivas al procesar grandes volúmenes de datos a gran velocidad, identificar patrones y sugerir cursos de acción. Por ejemplo, las herramientas de radiología asistidas por IA pueden detectar anomalías en imágenes médicas con gran precisión, pero el diagnóstico final sigue correspondiendo al profesional clínico, que interpreta los resultados a la luz del contexto clínico más amplio del paciente (Esteva et al., 2021; Rajpurkar et al., 2022).

Este modelo de ampliación de capacidades representa un cambio de paradigma en la comprensión de la automatización del trabajo. En lugar de una distinción binaria entre tareas «automatizadas» y tareas «no automatizables», la IA invita a repensar el trabajo como un continuo de complementariedad entre capacidades humanas y capacidades de las máquinas. Los trabajadores se convierten en orquestadores de herramientas inteligentes, cuya eficacia depende no solo de la sofisticación algorítmica, sino también de la supervisión humana, la comprensión contextual y la deliberación ética. Este cambio tiene el potencial de crear nuevas formas de valor mediante una mayor personalización de los servicios, la aceleración de los ciclos de innovación y el fomento de la colaboración interdisciplinaria (Brynjolfsson & McAfee, 2014; WEF, 2020).

Sin embargo, materializar estas oportunidades exige estrategias organizacionales deliberadas que incluyan formación de los empleados, diseño participativo y una delimitación clara de funciones y responsabilidades. El éxito de la implantación de la IA no debería evaluarse únicamente en función del rendimiento técnico o la reducción de costos, sino también por su capacidad para ampliar las capacidades humanas y contribuir a una experiencia laboral digna y significativa.

3.2 Riesgos: desplazamiento, polarización salarial y desajuste de competencias

A PESAR DE LOS POSIBLES beneficios asociados con la integración de la inteligencia artificial (IA) en el lugar de trabajo, las preocupaciones por el desplazamiento laboral siguen ocupando un lugar central en el debate público, académico y de políticas públicas. En particular, las ocupaciones compuestas por tareas altamente codificables, repetitivas o basadas en reglas son vulnerables a una automatización total o parcial. Sectores como el comercio minorista, el transporte, el almacenamiento y la manufactura ya han experimentado transformaciones sustanciales debido a la implantación de robótica basada en IA, sistemas de autopago y vehículos autónomos (Frey & Osborne, 2017; Chui et al., 2018). Estos cambios amenazan no solo los niveles de empleo, sino también las identidades profesionales y la estabilidad económica de comunidades enteras que dependen de trabajos de cualificación media y baja.

Una de las consecuencias económicas más apremiantes de la automatización inducida por la IA es el riesgo de polarización salarial. A medida que aumenta la demanda de profesionales altamente cualificados en áreas como ciencia de datos, desarrollo de IA y arquitectura de sistemas, se espera que los salarios de estas funciones aumenten de forma significativa. En contraste, se prevé que numerosos empleos intensivos en tareas rutinarias de apoyo administrativo, logística y atención al cliente disminuyan tanto en número como en remuneración. Esta bifurcación de los resultados del mercado laboral contribuye al vaciamiento del segmento de cualificación media y refuerza patrones de desigualdad que se han profundizado durante las últimas décadas en las economías avanzadas (Autor, 2015; Agrawal,

Gans, & Goldfarb, 2019). Sin mecanismos compensatorios, como una política fiscal progresiva o protecciones laborales sólidas, los beneficios económicos de la IA corren el riesgo de concentrarse en segmentos de élite de la fuerza laboral y del sector empresarial. Otra preocupación estructural se relaciona con la evolución de la demanda de competencias. La introducción de la IA reconfigura las estructuras ocupacionales y modifica las competencias necesarias para mantener la empleabilidad. Los trabajadores cuya educación o formación no se ajusta a los modos de producción impulsados por IA se enfrentan a una rápida devaluación de sus competencias. El ritmo de esta transformación tecnológica puede superar la capacidad de muchos trabajadores —en particular personas mayores, de bajos ingresos o con escasa movilidad geográfica— para adaptarse o reconvertirse profesionalmente de manera eficaz (Brynjolfsson & McAfee, 2014; Autor et al., 2021). Este desajuste de competencias puede derivar en desempleo o subempleo prolongados y agravar así la exclusión socioeconómica.

Para mitigar estos riesgos, resulta esencial mantener una inversión sostenida en aprendizaje permanente, reconversión profesional y alfabetización digital. Los programas de reconversión y actualización de competencias no deben tratarse como intervenciones periféricas, sino como pilares centrales de la resiliencia económica frente a la disrupción provocada por la IA. Estos programas también deben ser sensibles al contexto y abordar no solo competencias técnicas, sino también capacidades cognitivas, sociales y éticas pertinentes para entornos laborales híbridos humano-IA. Asimismo, se necesitan alianzas entre gobiernos, instituciones educativas y actores industriales para alinear la formación con las necesidades reales del mercado laboral y garantizar un acceso equitativo a las nuevas oportunidades (World Economic Forum, 2020).

En última instancia, aunque los efectos de desplazamiento de la IA pueden variar según el país, el sector y el grupo demográfico, el patrón subyacente es claro: sin marcos de políticas proactivos y estrategias institucionales inclusivas, la difusión de la IA corre el riesgo de consolidar la desigualdad y la fragmentación social en lugar de fomentar una prosperidad compartida.

3.3 Complementariedad frente a sustitución: una perspectiva matizada

EL IMPACTO DE LA INTELIGENCIA artificial (IA) sobre el empleo no puede captarse con precisión mediante una óptica binaria de sustitución frente a preservación. Un creciente cuerpo de investigación subraya que la mayoría de las ocupaciones no son completamente automatizables; más bien, comprenden un conjunto diverso de tareas, de las cuales solo algunas son susceptibles de automatización. Por ello, la introducción de la IA tiende a transformar los empleos en lugar de eliminarlos por completo, favoreciendo la aparición de nuevas formas híbridas de trabajo que integran el juicio humano con la precisión de las máquinas (Brynjolfsson, Mitchell, & Rock, 2018). Este paradigma de complementariedad sugiere que la IA puede funcionar más como una tecnología de ampliación de capacidades que como un sustituto. En la práctica, esto supone que las máquinas asumen tareas caracterizadas por la escala, la velocidad y la repetición —como el procesamiento de datos, la modelización predictiva o el reconocimiento de patrones— mientras los seres humanos se concentran en responsabilidades que requieren inteligencia emocional, juicio ético, razonamiento creativo y comunicación interpersonal. Por ejemplo, en entornos clínicos, los algoritmos de IA pueden ayudar a los médicos señalando anomalías en exploraciones médicas, pero el diagnóstico final y las decisiones terapéuticas siguen dependiendo de la experiencia interpretativa y contextual del profesional (Rajpurkar et al., 2022). De manera similar, en el sector jurídico, las herramientas de procesamiento del lenguaje natural pueden facilitar la revisión documental y la búsqueda de jurisprudencia, pero no sustituyen las funciones deliberativas del razonamiento jurídico ni la defensa ante los tribunales.

La investigación empírica respalda esta visión más granular basada en tareas. Autor y Handel (2013) sostienen que analizar los efectos de la automatización en el nivel ocupacional oculta variaciones importantes en el contenido de las tareas y en la reorganización de responsabilidades dentro de los empleos. Una evaluación más precisa exige desplazar el foco analítico al nivel de las tareas, donde se negocia la interfaz real entre el trabajo humano y las capacidades de las máquinas. Este enfoque permite identificar con mayor precisión qué componentes de un empleo son vulnerables a la automatización, cuáles se ven reforzados por la tecnología y cuáles siguen siendo distintivamente humanos. Además, la coexistencia de sustitución y complementariedad dentro de una misma función o sector laboral pone de relieve la complejidad de los efectos de la IA sobre el mercado de trabajo. Incluso cuando las máquinas asumen determinadas funciones, surgen nuevas demandas de supervisión, interpretación y control humanos. Estas dinámicas en evolución subrayan la necesidad de rediseñar los lugares de trabajo y redefinir funciones, procesos altamente dependientes de la estrategia organizacional, las características sectoriales y la regulación institucional (Holm & Lorenz, 2022). Reconocer la IA como una fuerza transformadora y no meramente disruptiva tiene importantes implicaciones para las políticas públicas y el desarrollo de la fuerza laboral. Desplaza el énfasis desde la protección de ocupaciones enteras hacia la posibilidad de que los trabajadores se adapten a los cambios en la composición de las tareas. Esto requiere una estrategia coordinada de reconversión centrada en las tareas, educación continua e innovación participativa en el lugar de trabajo. También exige que la implantación de la IA se guíe por principios de diseño que promuevan una participación humana significativa, la equidad en la distribución de tareas y la creación de valor para todas las partes interesadas. En este sentido, la transición hacia un trabajo apoyado por IA no está predeterminada únicamente por la viabilidad técnica, sino moldeada por decisiones humanas: decisiones sobre cómo organizar el trabajo, estructurar los incentivos y definir el papel de las máquinas en la sociedad.

3.4 Restricciones organizacionales y límites de la viabilidad

UNA DE LAS LIMITACIONES críticas de las evaluaciones actuales del riesgo de automatización es su énfasis desproporcionado en la viabilidad técnica, a menudo en detrimento de las restricciones contextuales y organizacionales. Muchos estudios estiman el potencial de automatización identificando tareas que pueden realizar los sistemas de IA o robóticos existentes, lo que implica una trayectoria lineal desde la capacidad técnica hasta la adopción efectiva. Sin embargo, como sostienen Holm y Lorenz (2022), este supuesto ignora las complejas realidades económicas, institucionales y de gestión que median la difusión tecnológica.

El hecho de que una tarea sea automatizable en principio no garantiza que vaya a automatizarse en la práctica. Una amplia gama de factores no técnicos influye en que la IA se implante o no dentro de una organización determinada. Entre ellos se encuentran las restricciones financieras, la disponibilidad de infraestructura digital, el costo de adquisición e integración de datos, la resistencia de los empleados, la incertidumbre jurídica y la ausencia de una justificación empresarial convincente. En algunos casos, los costos asociados con la implementación de IA —desde la inversión de capital hasta los programas de reconversión y la gestión del cambio— pueden superar las ganancias previstas de productividad o eficiencia, especialmente para las pequeñas y medianas empresas (Chui et al., 2018; Bessen, 2019). Además, la reconfiguración de los procesos de trabajo para incorporar IA suele exigir un rediseño organizacional sustancial. Esto incluye reestructurar funciones, reasignar tareas y redefinir métricas de desempeño, todo lo cual puede alterar jerarquías y flujos de trabajo establecidos. Como resultado, las empresas pueden adoptar un enfoque cauteloso e incremental en lugar de perseguir una automatización a gran escala, especialmente cuando existen inercia institucional o fuertes protecciones laborales. La viabilidad de la implementación depende, por tanto, no solo de la madurez tecnológica, sino también del grado de preparación y adaptabilidad de la organización.

La aceptabilidad social complica aún más la implantación de la IA. La introducción de sistemas algorítmicos en los lugares de trabajo suele suscitar preocupaciones éticas y psicológicas entre los empleados, incluidos temores a la pérdida del empleo, la descualificación y el aumento de la vigilancia. Estas percepciones pueden generar resistencia, reducir la moral y socavar la legitimidad del cambio tecnológico. En sectores como la salud y la educación, donde la confianza, la empatía y la interacción interpersonal son centrales para la prestación del servicio, la sustitución del juicio humano por resultados generados por máquinas puede encontrar oposición tanto cultural como profesional (Voss, 2021; ILO, 2023). La estructura del mercado y las dinámicas competitivas también configuran la adopción de la IA. En sectores donde los productos o servicios están muy estandarizados, las empresas pueden verse presionadas a reducir los costos laborales mediante la automatización. En cambio, en mercados donde la diferenciación de productos depende de servicios centrados en las personas —como la consultoría, la producción artesanal o la hotelería de alta gama—, la justificación económica de la automatización puede ser menos convincente. En esos casos, las inversiones en IA pueden orientarse más a potenciar el trabajo humano que a sustituirlo. Una consideración adicional atraviesa todas estas restricciones. Los factores examinados anteriormente suelen tratarse como fricciones: demoras entre lo que es técnicamente posible y lo que efectivamente se implanta, que deberían superarse a medida que disminuyen los costos y madura la infraestructura. Pero la relación puede ser inversa a lo que sugiere la metáfora de la fricción. Allí donde los sistemas predictivos se integran en la infraestructura mediante la cual las decisiones se ejecutan, en lugar de limitarse a asesorarlas (Startari 2025b), la configuración resultante no cambia con lentitud, sino que se vuelve resistente al cambio: las categorías, los umbrales y los costos relativos codificados en el momento de la integración pasan a ser los parámetros dentro de los cuales se adoptan las decisiones posteriores, y revisarlos exige un acto institucional que el propio funcionamiento del sistema no proporciona. Lo que se presenta como una adopción demorada puede entenderse mejor, por tanto, como una fijación prematura. La pregunta para la evaluación de la automatización no es solo con qué rapidez se difunde una capacidad, sino qué vuelve difícil reconsiderar una vez que se ha implantado.

Dadas estas restricciones multifacéticas, las evaluaciones del riesgo de automatización deben ir más allá de los análisis técnicos centrados en las tareas e incorporar una comprensión más amplia de las barreras a la implementación. Esto incluye evaluar la capacidad organizacional, los marcos regulatorios, las características sectoriales y las actitudes culturales hacia la tecnología. Solo reconociendo estas fricciones del mundo real podremos llegar a conclusiones más precisas y operativas sobre el futuro del trabajo en la era de la IA.

3.5 Hacia una transición estratégica e inclusiva

ABORDAR LOS MÚLTIPLES desafíos que plantea la inteligencia artificial (IA) en el lugar de trabajo exige una acción coordinada en diversos ámbitos de la sociedad. La trayectoria de integración de la IA no está predeterminada únicamente por los avances técnicos, sino que también está moldeada por las políticas públicas, los marcos institucionales y los procesos de negociación colectiva. En consecuencia, una transición estratégica e inclusiva hacia mercados laborales integrados con IA requiere esfuerzos deliberados de gobiernos, empleadores, sindicatos, sociedad civil e instituciones educativas para diseñar conjuntamente soluciones sostenibles.

Un elemento central de este proceso es la creación de sistemas sólidos de formación profesional y aprendizaje permanente que permitan a los trabajadores adaptarse a las demandas cambiantes del mercado laboral. Estos programas deben ajustarse a las competencias específicas requeridas en entornos laborales con apoyo de IA, desde la alfabetización digital y la gestión de datos hasta el pensamiento crítico y la colaboración interdisciplinaria. La evidencia de transformaciones industriales anteriores sugiere que invertir en perfeccionamiento y reconversión profesional puede mitigar los efectos negativos del desplazamiento tecnológico, en particular cuando la formación es accesible, específica y está alineada con las necesidades de los mercados laborales regionales (Autor, Mindell, & Reynolds, 2021; OECD, 2024). Paralelamente, deben reforzarse los mecanismos de protección social para proporcionar seguridad de ingresos, atención sanitaria y apoyo durante la transición a los trabajadores desplazados o con alto riesgo de perder su empleo debido a la automatización. Estos mecanismos son esenciales no solo para amortiguar los impactos económicos, sino también para preservar la cohesión social y la legitimidad democrática durante períodos de convulsión tecnológica. Sin ellos, puede aumentar el riesgo de exclusión, marginación y reacción política adversa, socavando el contrato social que sostiene la innovación (World Economic Forum, 2020; ILO, 2023). Igualmente importantes son los marcos regulatorios que rigen el uso de la IA en contextos organizacionales y públicos. A medida que la toma de decisiones algorítmica se vuelve más frecuente en ámbitos como la contratación, la calificación crediticia y la aplicación de la ley, existe una necesidad urgente de garantizar que estos sistemas sean transparentes, responsables y no discriminatorios. Los instrumentos regulatorios deben exigir explicabilidad, establecer mecanismos de recurso para las personas afectadas y garantizar el cumplimiento de estándares éticos que reflejen derechos fundamentales y valores democráticos (Floridi et al., 2018; Barocas, Hardt, & Narayanan, 2019). Asimismo, promover un diseño de IA centrado en el ser humano es un elemento crítico de cualquier estrategia inclusiva. Este enfoque enfatiza la alineación del desarrollo tecnológico con los objetivos sociales y prioriza la autonomía humana, la equidad y el bienestar por encima de métricas estrechas de eficiencia. Al incorporar prácticas de diseño participativo y evaluaciones de impacto ético al ciclo de desarrollo, las tecnologías de IA pueden adaptarse mejor a la diversidad de necesidades de los usuarios y contextos de uso (Doshi-Velez & Kim, 2017; Steijn, Luiijf, & van der Beek, 2016).

En última instancia, el éxito de la transición hacia una economía en la que la IA esté integrada en el trabajo dependerá no solo de la capacidad técnica de las máquinas, sino también de nuestra capacidad colectiva para gestionar su implantación de manera que maximice las oportunidades y minimice los daños. La gobernanza estratégica, la confianza institucional y el diseño inclusivo de políticas constituyen los pilares sobre los que debe construirse una transición justa y sostenible hacia la IA.

3.6 Repensar el empleo: de la sustitución a la transformación

LA EVALUACIÓN DEL IMPACTO de la inteligencia artificial sobre el empleo y las competencias exige un enfoque matizado y multidimensional. A diferencia de los modelos deterministas que presuponen una sustitución directa del trabajo humano por máquinas, la evidencia actual sugiere cada vez más que la adopción de la IA suele implicar una reconfiguración de tareas, más que su eliminación completa. Muchas ocupaciones presentan una estructura híbrida que incluye tanto componentes automatizables como funciones intrínsecamente humanas, entre ellas la creatividad, el razonamiento ético, la inteligencia emocional y la interacción social.

Los marcos tradicionales basados en tareas, aunque útiles, tienden a subestimar el potencial de ampliación de capacidades e hibridación. En la práctica, los sistemas de IA se utilizan con frecuencia para apoyar la toma de decisiones humanas en ámbitos como la salud, la logística, la atención al cliente, la educación y el análisis de datos. En estos contextos, las máquinas procesan grandes volúmenes de información y generan recomendaciones probabilísticas, pero los seres humanos siguen siendo fundamentales para interpretar los resultados, ejercer el juicio e interactuar con los usuarios finales.

Los efectos de la IA sobre el mercado laboral no pueden separarse de dinámicas socioeconómicas más amplias, entre ellas los ritmos de difusión tecnológica, las tendencias demográficas, los ciclos macroeconómicos y las capacidades institucionales. Aunque ciertos empleos pueden desaparecer, es probable que surjan nuevas ocupaciones e industrias a medida que los sistemas de IA hagan posibles nuevas formas de producción y prestación de servicios. Se espera que estos desarrollos generen aumentos de productividad, reduzcan los costos operativos y mejoren la competitividad de las empresas, con posibles repercusiones positivas sobre los niveles generales de empleo.

Sin embargo, la materialización de estos posibles beneficios no es automática. Los efectos distributivos de la IA pueden agravar las desigualdades existentes si no se aplican medidas de política adecuadas. Preparar a la fuerza laboral para un panorama ocupacional en evolución requerirá inversiones sustanciales en educación y aprendizaje permanente, especialmente en alfabetización digital, resolución de problemas y competencias interdisciplinarias. Los trabajadores deben estar preparados no solo para coexistir con los sistemas de IA, sino para prosperar en entornos de colaboración humano-máquina.

Las políticas públicas desempeñan un papel crítico en la mediación de esta transición. Un marco institucional proactivo debe incluir programas de reconversión profesional bien diseñados, mecanismos accesibles de apoyo a los ingresos y regulaciones dinámicas del mercado laboral que fomenten la movilidad, la seguridad y la flexibilidad. Paralelamente, es necesario cultivar una cultura de implantación ética de la IA, garantizando que el cambio tecnológico contribuya a un desarrollo económico inclusivo y sostenible.

En conclusión, el impacto de la IA sobre el empleo no es lineal ni uniforme. Está configurado por una compleja interacción de factores tecnológicos, organizacionales y de políticas públicas. En lugar de centrarse exclusivamente en los riesgos de eliminación de puestos de trabajo, resulta más productivo explorar cómo la IA puede transformar la naturaleza del trabajo, potenciar las capacidades humanas y estimular la renovación económica. El desafío para las sociedades contemporáneas consiste en gestionar esta transformación de forma deliberada, equitativa e inteligente, convirtiendo la disrupción tecnológica en una oportunidad de avance colectivo.

CAPÍTULO 4: IMPACTO DE LA TRANSFORMACIÓN DEL TRABAJO: UNA PERSPECTIVA SECTORIAL

La transformación del trabajo impulsada por la adopción de la inteligencia artificial constituye una de las dinámicas más significativas del siglo XXI en el ámbito de las relaciones laborales y la organización productiva. Este capítulo se propone examinar, en profundidad y con rigor científico, los impactos actuales y potenciales de la inteligencia artificial en el mundo del trabajo desde una perspectiva sectorial. Parte de la premisa, ampliamente respaldada por la literatura contemporánea, de que la incorporación de sistemas inteligentes al entorno laboral está produciendo transformaciones estructurales que afectan no solo a los conjuntos de competencias requeridas, sino también a las condiciones materiales del empleo y a la interacción entre los trabajadores y sus entornos tecnológicos.

El objetivo central de este capítulo es analizar cómo se está implementando la inteligencia artificial en sectores estratégicos como el transporte, la banca y la salud, y evaluar rigurosamente los efectos que esta tecnología está produciendo sobre la organización del trabajo, la demanda de competencias, la salud y la seguridad laborales y las relaciones humanas dentro del lugar de trabajo. A partir de una revisión sistemática de la literatura académica y técnica existente, el capítulo busca construir una comprensión integral de las transformaciones actualmente en curso en diversos sectores productivos. Esta revisión se complementa con el análisis de estudios empíricos y casos específicos en los que la IA está integrada activamente en entornos laborales reales.

El análisis considera tanto los efectos positivos como los desafíos asociados con la adopción de la inteligencia artificial en entornos profesionales. Entre los aspectos examinados se encuentran la reconfiguración de los requisitos de competencias, la redistribución de tareas entre trabajadores humanos y sistemas automatizados, la automatización de procesos operativos, la calidad del empleo resultante de estos cambios, los riesgos laborales emergentes y la transformación de las interacciones interpersonales y mediadas por máquinas en el lugar de trabajo. El propósito no es simplemente describir los cambios observados, sino comprender su alcance y sus implicaciones estructurales.

Para garantizar la validez y precisión de sus hallazgos, este capítulo emplea un enfoque metodológico riguroso que combina el análisis cuantitativo y cualitativo de datos, el estudio de sistemas de IA aplicados a contextos laborales y la consulta con expertos e investigadores especializados en inteligencia artificial y organización del trabajo. También incluye una revisión crítica de las metodologías utilizadas en los estudios analizados, identificando posibles sesgos, limitaciones metodológicas y vacíos analíticos, en particular en relación con la manera en que se evalúa el impacto real de la inteligencia artificial sobre la transformación del trabajo. Este enfoque permite distinguir entre impactos generalizables y aquellos específicos de cada sector, teniendo en cuenta que la capacidad para implementar sistemas inteligentes, su integración en los procesos de trabajo y sus consecuencias para la fuerza laboral varían significativamente según el tipo de actividad, la estructura organizacional, el entorno regulatorio y la madurez digital de cada industria.

Por último, el capítulo presenta recomendaciones basadas en evidencia para el desarrollo de futuras investigaciones, así como para la formulación de políticas públicas y estrategias empresariales capaces de acompañar de manera responsable y sostenible la transformación del trabajo. Se sustenta en la convicción de que una comprensión profunda, diferenciada por sectores y académicamente informada de los efectos de la inteligencia artificial sobre el trabajo es esencial para una toma de decisiones sólida en materia de política laboral, formación de talento y planificación estratégica en un entorno cada vez más automatizado y digitalizado.

4.1 Inteligencia artificial en el sector sanitario

LA INTEGRACIÓN DE LA inteligencia artificial en el sector sanitario ha generado un intenso interés en los últimos años, no solo por su potencial para optimizar los procesos clínicos, sino también por las cuestiones éticas y estructurales fundamentales que plantea. La salud es un sector definido por su dependencia intensiva del conocimiento, la innovación constante en tecnologías y tratamientos médicos y la generación de grandes volúmenes de datos en los ámbitos institucional, clínico y del paciente. Estas características convierten al sector en un terreno particularmente fértil para la aplicación de la IA, especialmente cuando los sistemas inteligentes se entrenan para identificar patrones en conjuntos de datos médicos complejos y respaldar procesos de toma de decisiones basados en evidencia.

La inteligencia artificial ofrece diversas posibilidades para mejorar la precisión diagnóstica, predecir resultados de tratamientos, asignar recursos con mayor eficiencia y apoyar el seguimiento y la planificación de la salud pública. Sin embargo, su potencial para transformar los sistemas sanitarios está condicionado por la calidad de los datos utilizados, la interpretabilidad de los algoritmos y los marcos éticos dentro de los cuales se implementan estas tecnologías. La escala de los datos relacionados con la salud no tiene precedentes: las historias clínicas electrónicas, los sistemas de imágenes, la genómica, los dispositivos portátiles y las aplicaciones de salud generan enormes cantidades de información a diario. Según estimaciones recientes, se espera que el volumen mundial de datos sanitarios alcance los 50 zettabytes en 2025, duplicándose aproximadamente cada 73 días (IDC, 2023). La capacidad de procesar estos datos de manera inteligente y segura se está convirtiendo en un factor determinante del desempeño de los sistemas nacionales de salud.

Desde el punto de vista económico, el sector sanitario representa uno de los componentes más significativos del gasto mundial. Según datos de 2024 del Banco Mundial y la OCDE, el gasto en salud equivale aproximadamente al 10,6 por ciento del PIB mundial y supera ese umbral en numerosos países, entre ellos Estados Unidos (17,8 %), Alemania (12,7 %), Francia (12,3 %), Reino Unido (11,9 %) y Brasil (9,5 %). Esta inversión sostenida refleja transiciones demográficas —como el envejecimiento de la población— y cambios epidemiológicos, entre ellos el aumento de la prevalencia de enfermedades crónicas no transmisibles, la multimorbilidad y los trastornos de salud mental. Aunque los sistemas sanitarios están sometidos a presión para ampliar el acceso y mejorar la calidad, los presupuestos públicos siguen enfrentando fuertes restricciones. La OCDE (2024) estima que al menos el 20 por ciento del gasto sanitario no produce ninguna mejora medible en los resultados de salud e incluso puede contribuir al sobretratamiento o al daño. Estas ineficiencias han convertido al sector sanitario en un objetivo prioritario de las iniciativas de innovación tanto de instituciones tradicionales de salud como de grandes empresas tecnológicas. Compañías como Google (a través de DeepMind y Google Health), Amazon (mediante Amazon Clinic y AWS HealthLake), Apple (con HealthKit y la integración de dispositivos portátiles), Microsoft (con Azure AI for Healthcare) y Meta (en asociación con iniciativas de imágenes médicas) invierten cada vez más en plataformas y servicios sanitarios. Estos actores están introduciendo herramientas impulsadas por IA que ofrecen apoyo diagnóstico, optimizan los flujos de trabajo médicos o mejoran la participación de los pacientes. Su creciente influencia subraya la necesidad de analizar cuidadosamente tanto los beneficios como los riesgos sistémicos asociados con la integración de tecnologías privadas de IA en las infraestructuras sanitarias públicas.

La salud no es un ámbito homogéneo. Abarca una amplia gama de profesiones y competencias, desde disciplinas altamente especializadas como la neurocirugía y la oncología hasta el complejo trabajo relacional de enfermeros, gestores de casos, cuidadores y coordinadores de salud pública. La diversidad de funciones implica múltiples puntos de contacto con sistemas de inteligencia artificial, ya sea mediante plataformas automatizadas de triaje, sistemas de apoyo a la decisión clínica, cirugía robótica, diagnóstico por imágenes asistido por IA o sistemas de monitorización de pacientes. Los costos laborales constituyen una proporción sustancial de los presupuestos sanitarios, y la posibilidad de sustituir algunas tareas realizadas por trabajadores humanos por máquinas inteligentes ha sido ampliamente debatida tanto en la literatura académica como en informes institucionales.

Los sistemas de IA funcionan actualmente bien en dominios acotados, caracterizados por problemas bien definidos y datos estructurados. Por ejemplo, las redes neuronales convolucionales han demostrado un desempeño de nivel experto en la detección de fracturas a partir de imágenes radiológicas, la identificación de melanomas en fotografías dermatoscópicas y la segmentación de tumores en oncología (Esteva et al., 2021; Rajpurkar et al., 2022). Estas aplicaciones suelen apoyarse en guías clínicas establecidas y centrarse en escenarios centrados en una sola patología. Sin embargo, la medicina del mundo real implica cada vez más pacientes con múltiples comorbilidades y afecciones crónicas interrelacionadas, un contexto que desafía las capacidades actuales de la IA y pone de manifiesto sus limitaciones epistemológicas y prácticas.

La gestión de la multimorbilidad compleja, particularmente entre poblaciones envejecidas, probablemente se convertirá en un desafío central para los sistemas sanitarios de todo el mundo durante las próximas décadas. El paso de una atención aguda y episódica a una atención de largo plazo, coordinada y preventiva exige algo más que precisión algorítmica. Requiere colaboración interdisciplinaria, integración entre servicios médicos y sociales y sensibilidad hacia los contextos psicológicos y conductuales de los pacientes. Las herramientas de IA diseñadas sin considerar esta complejidad corren el riesgo de reforzar modelos reduccionistas de atención y descuidar dimensiones humanas esenciales. Por lo tanto, el futuro de una atención sanitaria eficaz reside en integrar la IA no como sustituto de la experiencia humana, sino como una herramienta complementaria que amplíe la capacidad del sistema al tiempo que preserve los fundamentos relacionales y éticos de la medicina. La eficacia de la inteligencia artificial en la detección de enfermedades no puede reducirse únicamente al volumen de datos disponible. La calidad de un diagnóstico médico depende no solo de la cantidad de información recopilada, sino también de la capacidad para interpretar fenómenos complejos y dinámicos que no se rigen por reglas fijas o deterministas. A diferencia de los sistemas cerrados, en los que la IA puede alcanzar una elevada precisión predictiva a partir de regularidades presentes en los datos, el cuerpo humano y su interacción con factores socioambientales presentan características no lineales y contingentes que limitan la generalización de las soluciones algorítmicas. El conocimiento médico, en particular en casos que implican multimorbilidad, salud mental o trastornos psicosomáticos, requiere razonamiento interpretativo, juicio clínico y conciencia contextual, capacidades que los sistemas actuales de IA no pueden reproducir.

La naturaleza dinámica de la vida humana, la singularidad de cada caso clínico y la imprevisibilidad de numerosos resultados de salud implican que la automatización completa de la toma de decisiones médicas no es deseable ni viable. Los seres humanos poseen capacidades adaptativas que les permiten responder a situaciones nuevas e inesperadas, negociar significados con los pacientes y ajustar su comportamiento ante respuestas no previstas. La inteligencia artificial no puede reproducir de forma autónoma estas formas de razonamiento práctico y ético, independientemente de la escala de los datos o de la complejidad algorítmica. Además, las cuestiones de responsabilidad y rendición de cuentas en la atención sanitaria son fundamentalmente distintas de las que se presentan en otros entornos automatizados. Un diagnóstico erróneo o un tratamiento inadecuado, aunque sea estadísticamente infrecuente, puede tener consecuencias graves, entre ellas discapacidad permanente o muerte. Esto introduce consideraciones éticas y jurídicas que van más allá del rendimiento técnico y afectan a la legitimidad de delegar decisiones en la IA en situaciones en las que está en juego la vida.

Por lo tanto, aunque la inteligencia artificial puede servir como una valiosa herramienta complementaria en la atención sanitaria, su capacidad para sustituir a los profesionales clínicos es limitada y debe examinarse rigurosamente. La implantación de IA en este sector debe guiarse por principios de proporcionalidad, transparencia, explicabilidad y responsabilidad compartida, especialmente cuando su uso afecta a poblaciones vulnerables o a decisiones adoptadas bajo incertidumbre. Una evaluación integral de su impacto requiere incorporar no solo métricas de precisión y eficiencia, sino también criterios centrados en el ser humano, como la empatía, la confianza y la eficacia comunicativa.

En un sentido más amplio, la inteligencia artificial invita a replantear de manera sistémica cómo se concibe y organiza la atención sanitaria. Históricamente, los sistemas de salud de los países industrializados se estructuraron en torno a modelos de atención aguda y episódica, centrados en patologías bien definidas como fracturas, infecciones o tumores. En estos entornos, que operan conforme a protocolos diagnósticos y terapéuticos lineales, los sistemas de IA pueden introducir eficiencias semejantes a las de los modelos de producción industrial. Sin embargo, es probable que el futuro de la medicina se desplace hacia la gestión a largo plazo de afecciones complejas, crónicas y polipatológicas, en las que los factores psicológicos, conductuales y sociales desempeñan un papel crucial. Abordar la obesidad, la diabetes, las adicciones y los trastornos de salud mental, por ejemplo, exige compromiso sostenido, modificación de conductas y empoderamiento del paciente.

En este contexto, la IA puede ayudar a identificar perfiles de riesgo, anticipar recaídas u optimizar itinerarios terapéuticos, pero no puede reemplazar la relación humana que sustenta la entrevista motivacional, la alianza terapéutica o el asesoramiento ético. Estudios de caso como el de Kaiser Permanente Washington ilustran cómo los sistemas basados en IA pueden integrarse con éxito en equipos interdisciplinarios de clínicos, enfermeros, asesores de salud y trabajadores comunitarios para mejorar la prevención y la atención de enfermedades multifactoriales. Estas experiencias respaldan la hipótesis de que, en lugar de reducir la necesidad de profesionales sanitarios, la IA puede aumentar la demanda de funciones con una fuerte dimensión relacional y de coordinación. Además, la IA puede contribuir al surgimiento de nuevas profesiones sanitarias y a la transformación de las existentes. A medida que se expanden los ecosistemas de salud digital, es probable que funciones como analistas de datos sanitarios, profesionales clínicos asistidos por IA, auditores de algoritmos clínicos y coordinadores de atención virtual se conviertan en componentes esenciales de los equipos de salud. El trabajo de profesionales altamente especializados, como oncólogos o cardiólogos, puede evolucionar para incluir la supervisión de recomendaciones algorítmicas y la integración de flujos de datos en tiempo real en la toma de decisiones. Del mismo modo, los trabajadores de primera línea, como enfermeros y auxiliares de cuidados, pueden depender cada vez más de herramientas de IA para la monitorización personalizada y los sistemas de alerta temprana, especialmente en entornos remotos o de atención domiciliaria.

Los sistemas de monitorización remota de pacientes apoyados por IA podrían facilitar respuestas personalizadas adaptadas a los contextos individuales, basándose en historias clínicas, determinantes sociales de la salud y antecedentes conductuales. La IA también podría desempeñar un papel en los procesos de ingreso hospitalario mediante el análisis preliminar de historiales médicos y la sugerencia de estrategias asistenciales, mejorando la comunicación entre servicios y agilizando la coordinación entre distintos niveles asistenciales. Estas transformaciones no eliminarían las funciones tradicionales de enfermería, sino que modificarían sus modalidades de intervención, exigiendo una mayor alfabetización digital y colaboración interprofesional.

En última instancia, la integración de la inteligencia artificial en la atención sanitaria debe evaluarse no solo mediante métricas económicas o tecnológicas, sino también por sus efectos sobre la identidad profesional, la autonomía del paciente y la organización de la atención. Esto requiere un marco de gobernanza que alinee la innovación con los valores públicos y garantice que el cambio tecnológico refuerce, en lugar de debilitar, los fundamentos humanísticos de la medicina.

La integración de la inteligencia artificial en la atención sanitaria también ofrece oportunidades para mejorar la organización interna del trabajo y aliviar la presión sobre el personal clínico y administrativo. Una contribución significativa de los sistemas de IA reside en su capacidad para mejorar la coordinación entre los profesionales sanitarios, algo fundamental para prestar una atención de calidad. Al permitir el intercambio de datos en tiempo real, agilizar la comunicación y facilitar la planificación interfuncional, los sistemas de IA pueden reducir la fragmentación y promover itinerarios asistenciales integrados. Esto, a su vez, puede mejorar tanto los resultados clínicos como la satisfacción en el lugar de trabajo.

La eficiencia organizacional sigue siendo un problema apremiante en la atención sanitaria. Según datos de la OCDE, aproximadamente el 20 por ciento del gasto sanitario en los países miembros se desperdicia debido a ineficiencias en la prestación de servicios, mala coordinación y cargas administrativas excesivas (OECD, 2017; OECD, 2024). Las aplicaciones de IA que apoyan la codificación de la actividad hospitalaria, la planificación diagnóstica, el triaje y la priorización de pacientes pueden contribuir a optimizar la asignación de recursos. Al anticipar los flujos de pacientes y mejorar la gestión de la capacidad, la IA puede ayudar a los hospitales a ajustar la dotación de personal, reducir cuellos de botella y asignar recursos con mayor precisión. Estas mejoras alivian la carga administrativa de los profesionales sanitarios, permitiéndoles dedicar más tiempo a la interacción con los pacientes y reduciendo el estrés laboral.

Esta reducción de la presión burocrática es especialmente importante en un entorno en el que muchos hospitales afrontan desafíos sistémicos como la falta de personal, la sobrecarga de trabajo y la creciente complejidad de los casos. Los sistemas de IA que automatizan tareas repetitivas —como la programación de turnos, la documentación o la gestión de inventarios— pueden mejorar las condiciones laborales de equipos clínicos sobrecargados, mitigando el agotamiento físico y psicológico asociado con frecuencia a la atención de urgencias y de enfermedades crónicas. Sin embargo, esta transformación también suscita preocupaciones respecto del empleo en funciones de apoyo no médicas. Según el experto en políticas de salud pública David Gruson, hasta un 15 por ciento de los puestos administrativos y logísticos en hospitales —como los relacionados con recepción, coordinación del transporte de pacientes y gestión de recursos— podrían volverse innecesarios debido a la automatización basada en IA (Gruson, 2019). Se espera que estos efectos se intensifiquen a medida que las herramientas de IA se vuelvan más sofisticadas, generando tensión entre los objetivos de eficiencia y estabilidad del empleo. Por tanto, un enfoque equilibrado de la adopción de IA debe considerar no solo el rendimiento técnico, sino también los impactos sociales, y requiere mecanismos institucionales que apoyen la reconversión profesional y la evolución de las funciones.

Además de la reestructuración administrativa, la IA se está probando cada vez más en intervenciones psicosociales, particularmente en geriatría y cuidados de larga duración. La gestión de pacientes con afecciones neurodegenerativas crónicas, como la enfermedad de Alzheimer, plantea un importante desafío organizacional y ético. Estos pacientes sufren con frecuencia síntomas conductuales —ansiedad, agresividad, deambulación o apatía— difíciles de manejar y que imponen una considerable carga emocional y logística a los equipos sanitarios. Debido a las dificultades de comunicación y al malestar emocional, muchos pacientes experimentan aislamiento, lo que agrava tanto los resultados clínicos como el estrés de los cuidadores. La acumulación de estos factores de estrés suele conducir al agotamiento profesional del personal sanitario, así como a una dependencia excesiva de tratamientos farmacológicos como los medicamentos psicotrópicos.

En respuesta a estos desafíos, diversas iniciativas han explorado el uso de sistemas robóticos asistidos por IA para mediar las interacciones entre pacientes y cuidadores. Un caso destacado es la implementación de Paro, un robot interactivo diseñado para relacionarse con pacientes mayores mediante respuestas auditivas, táctiles y emocionales. En un estudio realizado en una unidad geriátrica hospitalaria, el 100 por ciento del personal encuestado reconoció carecer de herramientas eficaces para gestionar casos complejos que implicaban trastornos conductuales. Tras la introducción de Paro, los participantes informaron de menores niveles de ansiedad en los pacientes, mejor estado de ánimo y menor uso de medicamentos sedantes (Demange et al., 2019). Estos resultados fueron corroborados por estudios internacionales, que encontraron que los robots de compañía no solo mejoraban el bienestar de los pacientes, sino que también tenían un efecto positivo sobre la moral del personal y la gestión de tareas.

Aunque estas tecnologías no sustituyen el cuidado humano, demuestran cómo las intervenciones mediadas por IA pueden mejorar los resultados de los pacientes y la dinámica laboral cuando se implementan de manera reflexiva y ética. Su éxito depende de la aceptación de los usuarios, su integración en los protocolos asistenciales y una evaluación rigurosa, así como de la colaboración continua entre ingenieros, profesionales clínicos y cuidadores.

4.2 Inteligencia artificial en el sector del transporte

EL SECTOR DEL TRANSPORTE se ha convertido en una de las principales fronteras para la implementación de la inteligencia artificial, en particular mediante el desarrollo de vehículos autónomos y sistemas logísticos basados en IA. La magnitud de esta transformación dependerá del nivel de automatización alcanzado y de la velocidad con que las distintas tecnologías se difundan entre los diferentes modos de transporte. Aunque la promesa de vehículos plenamente autónomos ocupa desde hace tiempo un lugar central en las previsiones tecnológicas, la implantación concreta de estos sistemas sigue siendo limitada y desigual.

Un concepto central para evaluar esta transformación es el sistema de clasificación de SAE International, que define seis niveles de automatización vehicular, desde el Nivel 0 (sin automatización) hasta el Nivel 5 (autonomía total en todos los entornos). En 2025, ningún fabricante ha anunciado todavía un vehículo de Nivel 5 disponible comercialmente. Los experimentos de navegación sin conductor comenzaron a finales de la década de 2010, encabezados por empresas como Waymo en Estados Unidos y Navya en Francia. No obstante, la autonomía total en todas las condiciones viales sigue siendo un objetivo a largo plazo. Según John Krafcik, exdirector ejecutivo de Waymo, alcanzar la autonomía de Nivel 5 puede requerir varias décadas y, aun entonces, los vehículos autónomos podrían seguir necesitando supervisión humana en condiciones excepcionales (Krafcik, 2021).

En el futuro previsible, se espera que los avances más significativos se produzcan en el Nivel 4, en el que los vehículos pueden operar de forma autónoma en entornos restringidos y predecibles, como autopistas, estacionamientos o corredores urbanos específicos. Durante los próximos cinco a diez años, estos sistemas podrían comenzar a modificar las estructuras laborales en sectores como el transporte por carretera y las operaciones ferroviarias, especialmente allí donde el transporte de mercancías de larga distancia y las rutas regulares faciliten la viabilidad técnica. En consecuencia, el análisis del impacto de la IA en este capítulo se centrará en la probable difusión de la automatización de Nivel 4 y sus implicaciones para la organización del trabajo, la dinámica del empleo y la productividad en las industrias del transporte terrestre.

El desarrollo de camiones autónomos constituye un caso especialmente relevante. El transporte de mercancías por carretera, que representa una proporción sustancial del movimiento logístico en América del Norte y Europa, se considera un ámbito prometedor para la automatización total debido al carácter estandarizado de las rutas de larga distancia por autopista y a los incentivos económicos para reducir los costos laborales. La automatización de los vehículos de carga podría permitir a las empresas sortear restricciones regulatorias relacionadas con los períodos obligatorios de descanso, operar en convoyes continuos para reducir el consumo de combustible y optimizar la gestión de flotas gracias a una mayor flexibilidad. Estos cambios podrían generar importantes aumentos de productividad y, al mismo tiempo, ayudar a afrontar la persistente escasez de conductores profesionales observada en varios países.

Sin embargo, la plena integración de camiones autónomos en operaciones comerciales depende de la armonización regulatoria, los estándares de la industria y el desarrollo de infraestructuras digitales seguras e interoperables. Según una encuesta realizada por el International Transport Forum, más de la mitad de los expertos en transporte prevén que la circulación de vehículos en convoy se generalice para 2030, mientras que las operaciones de carga completamente autónomas podrían no ser comercialmente viables antes de 2050. Los proyectos piloto en puertos, instalaciones mineras y entornos controlados han demostrado el potencial de estas tecnologías, pero hasta comienzos de 2025 no se había registrado ninguna implantación comercial de vehículos autónomos de carga de Nivel 4 o Nivel 5. Las pruebas existentes incluyen supervisión humana a bordo, lo que refleja la persistencia de restricciones técnicas, jurídicas y éticas.

Además de la automatización de vehículos, la IA se aplica cada vez más en la logística, la gestión de infraestructuras y el mantenimiento predictivo. La proliferación de sensores industriales ha permitido recopilar a gran escala datos operativos en tiempo real procedentes de vehículos, sistemas de transporte e infraestructura física. Los algoritmos de IA pueden procesar estos datos a una velocidad y una escala muy superiores a las capacidades humanas, lo que permite desarrollar sistemas inteligentes de diagnóstico. Estas herramientas pueden detectar signos de desgaste mecánico, analizar patrones de funcionamiento y anticipar anomalías, posibilitando así protocolos de mantenimiento predictivo en lugar de preventivo. Este enfoque reduce las interrupciones no planificadas, prolonga la vida útil de los equipos críticos y optimiza la asignación de recursos en los departamentos de mantenimiento.

Estos avances son especialmente relevantes para las redes ferroviarias, que operan bajo fuertes restricciones de capacidad y sistemas complejos de programación. Los sistemas basados en IA pueden reconfigurar dinámicamente los flujos de transporte en respuesta a interrupciones, gestionando variables como la disponibilidad de trenes, el uso de vías, la demanda de pasajeros y los escenarios de emergencia. En casos de avería o congestión, los sistemas de IA pueden evaluar la velocidad óptima para aliviar cuellos de botella, movilizar unidades de reemplazo en función de la disponibilidad de personal y proponer rutas alternativas. Estos sistemas dependen de la integración en tiempo real de diversas fuentes de datos, incluidos patrones de tráfico, condiciones meteorológicas y comportamiento de los pasajeros, lo que plantea importantes desafíos en materia de gobernanza de datos y coordinación interorganizacional.

En este sentido, la optimización logística mediante IA no se limita a la eficiencia de costos. También introduce la posibilidad de mejorar la continuidad del servicio, reducir el impacto ambiental y reforzar la seguridad de los pasajeros. Sin embargo, estos beneficios conllevan desafíos estructurales relacionados con la sustitución de mano de obra, nuevos riesgos laborales asociados con los sistemas automatizados y posibles vulnerabilidades cibernéticas en infraestructuras interconectadas. Por tanto, la expansión de la IA en el transporte debe ir acompañada de marcos regulatorios sólidos que aborden no solo la fiabilidad tecnológica, sino también la protección del empleo, la asignación de responsabilidades jurídicas y la interoperabilidad transfronteriza.

Las consecuencias sociales de la automatización en el transporte también merecen una atención crítica. En escenarios de automatización parcial, los trabajadores existentes pueden experimentar una reestructuración de tareas, menor autonomía o supervisión del desempeño basada en vigilancia. En contextos plenamente automatizados, categorías laborales enteras —en particular aquellas vinculadas con tareas rutinarias de conducción— pueden quedar obsoletas. Sin embargo, al igual que en otros sectores, la IA también puede crear nuevas funciones en análisis de mantenimiento, operaciones remotas, ciberseguridad y supervisión de sistemas. El impacto neto sobre el empleo dependerá no solo del ritmo del cambio tecnológico, sino también de las respuestas de política pública y de la capacidad para diseñar transiciones inclusivas que prioricen la dignidad humana, la reconversión profesional y la equidad.

Las aplicaciones tecnológicas asociadas con la inteligencia artificial en el sector del transporte están alcanzando progresivamente un nivel de madurez que podría permitir una implantación generalizada durante los próximos cinco a diez años. Sin embargo, esta madurez no puede evaluarse únicamente en términos de rendimiento algorítmico o viabilidad mecánica. La implantación exitosa de sistemas autónomos también depende de la disponibilidad de datos a gran escala, de la resolución de problemas de privacidad vinculados a los vehículos conectados y del establecimiento de marcos económicos e institucionales claros para el intercambio de datos. El funcionamiento de los vehículos autónomos requiere acceso en tiempo real a conjuntos masivos de datos sobre el rendimiento de los vehículos, las condiciones de la infraestructura, los entornos de navegación y la dinámica del tráfico. Estos flujos de datos deben armonizarse entre actores como los gestores de infraestructuras viarias y ferroviarias, los fabricantes de vehículos, las empresas logísticas y las autoridades públicas. En este sentido, el desafío central no es meramente técnico, sino económico y político. Las cuestiones relativas a la propiedad de los datos, la interoperabilidad y la distribución de valor entre las partes interesadas desempeñarán un papel decisivo a la hora de determinar la eficacia con que las tecnologías de IA se integran en los sistemas de transporte. Será esencial crear plataformas abiertas y estandarizadas para compartir datos, especialmente en navegación, diagnóstico y mantenimiento predictivo. Sin una acción coordinada en materia de políticas públicas, la fragmentación y los silos de datos pueden impedir que se materialice plenamente el potencial de la IA para mejorar la seguridad, la eficiencia y la capacidad de respuesta de las redes de transporte.

El impacto de la IA sobre las ocupaciones y los perfiles de competencias dentro del sector del transporte es especialmente visible en el transporte de mercancías por carretera. La conducción sigue siendo una función central en este ámbito, y el desarrollo de camiones autónomos podría alterar de manera fundamental la demanda de mano de obra. Si en un horizonte de diez años entran en operación vehículos de Nivel 4 capaces de circular autónomamente por autopistas, es probable que se redefina el papel de los conductores profesionales. En determinados corredores o contextos operativos, la automatización podría reducir la necesidad de conductores de larga distancia al permitir operaciones continuas más allá de los límites de jornada humana. Esto, a su vez, podría provocar una contracción de la demanda de trabajo en el transporte de larga distancia por camión, especialmente en países donde el transporte de mercancías depende en gran medida de sistemas interestatales de autopistas.

Sin embargo, la transición no será inmediata ni homogénea. La implementación de vehículos autónomos de carga presupone una arquitectura regulatoria sólida, la estandarización de protocolos de seguridad y la resolución de ambigüedades jurídicas en torno a la responsabilidad y la respuesta ante accidentes. Además, determinadas tareas de la cadena de transporte —como la carga, la descarga, el repostaje y la interacción con los clientes— siguen sin estar automatizadas y continúan requiriendo trabajo humano. En muchos casos, los camiones autónomos necesitarán un modelo híbrido en el que conductores humanos asuman el control en tramos que no sean de autopista o proporcionen supervisión y apoyo logístico. Asimismo, es probable que la difusión de sistemas de IA genere nuevas funciones y demandas de competencias. La operación y monitorización de flotas autónomas creará demanda de personal en centros de control encargado de supervisar en tiempo real el desempeño de los vehículos, responder a alertas y gestionar la coordinación de la flota. Estos trabajadores necesitarán conocimientos técnicos en ámbitos como sistemas de datos, seguridad de redes, diagnóstico remoto e interacción humano-máquina. Las competencias requeridas para estas nuevas funciones difieren de las tradicionalmente asociadas con la conducción comercial, lo que pone de relieve la necesidad de estrategias proactivas de desarrollo de la fuerza laboral.

La transformación de la profesión de conductor de camión también tiene profundas implicaciones para la identidad ocupacional, la regulación y las protecciones laborales. Históricamente, la conducción de camiones ha constituido una vía central de empleo para hombres de clase trabajadora en numerosas economías, especialmente en regiones rurales o periurbanas. La erosión de esta ocupación a causa de la automatización podría contribuir a la dislocación económica y la polarización social si no se implementan medidas compensatorias adecuadas. Al mismo tiempo, pueden surgir nuevas oportunidades para los conductores en la logística de última milla, los servicios de apoyo a flotas y los sistemas regionales de distribución, especialmente en contextos donde la automatización total no sea técnicamente viable o económicamente justificable.

La supervisión y el control remoto de flotas automatizadas pueden convertirse en un nuevo nicho de empleo, combinando la supervisión operativa con el apoyo a la toma de decisiones en escenarios complejos o imprevistos. Estas funciones requerirán no solo competencias técnicas, sino también capacidades relacionadas con el juicio ético, la gestión de incidentes y la interpretación de alertas o anomalías generadas por IA. La redistribución de tareas puede, por tanto, redefinir la naturaleza del trabajo en el transporte, desplazándolo desde la operación física hacia la coordinación sistémica y la supervisión digital.

Es importante subrayar que las proyecciones de empleo en este sector siguen siendo especulativas y dependen de numerosos factores, entre ellos el progreso tecnológico, las intervenciones de política pública, el comportamiento de los consumidores y las tendencias macroeconómicas. No obstante, el potencial transformador de la IA en el sector del transporte exige que los gobiernos y las industrias se preparen para transiciones laborales no lineales. Las estrategias de transición justa y reconversión serán fundamentales para garantizar que los beneficios de la automatización no se obtengan a costa de la cohesión social y la seguridad humana. Las políticas de desarrollo de la fuerza laboral no deberían centrarse únicamente en competencias técnicas, sino también promover capacidades adaptativas, formación interfuncional y conciencia ética en el contexto de la colaboración humano-IA.

La aparición de vehículos autónomos de Nivel 4 en el transporte público introduce nuevas oportunidades no solo en términos de innovación tecnológica, sino también en la configuración de los servicios y las dinámicas laborales. Aunque es poco probable que estos vehículos tengan un impacto sustancial sobre el uso privado del automóvil a corto plazo, su implantación en sistemas de transporte públicos y semipúblicos puede modificar los patrones de movilidad. Actualmente se desarrollan programas piloto de lanzaderas autónomas en diversas regiones, en particular en zonas urbanas de baja densidad o entornos cerrados como campus empresariales, aeropuertos y recintos universitarios. Empresas como Navya han desplegado más de cincuenta unidades autónomas en todo el mundo, lo que sugiere el comienzo de una transición hacia servicios de movilidad locales basados en IA.

Estas lanzaderas autónomas están diseñadas para operar en rutas predefinidas y ofrecen un posible valor para cubrir trayectos de «última milla» o rutas en horas de baja demanda que reciben una atención insuficiente del transporte público convencional. De este modo, pueden reducir la dependencia de vehículos privados para distancias cortas y ofrecer una alternativa viable a los servicios de transporte solicitados mediante aplicaciones durante las horas en que el transporte público tradicional no está disponible. No obstante, debido a las limitaciones de infraestructura y a los riesgos de saturación del tráfico, es poco probable que estos vehículos sustituyan en el futuro próximo al transporte público de alta capacidad en corredores congestionados. Hasta que se alcance la conducción plenamente autónoma (Nivel 5) —algo que no se prevé viable antes de 2040—, los taxis y los servicios de transporte mediante aplicaciones seguirán siendo el modo dominante para los desplazamientos flexibles de puerta a puerta.

Paralelamente a esta implantación, se prevé la creación de empleos en áreas relacionadas con la supervisión de flotas, la atención al cliente, la garantía de seguridad y el soporte técnico. Estas funciones requerirán competencias en coordinación digital, logística de servicios y gestión de incidentes en tiempo real. El éxito de estos sistemas autónomos dependerá no solo de su ingeniería, sino también de su integración social y de su fiabilidad operativa en entornos urbanos complejos.

También se espera que la transición hacia vehículos inteligentes y conectados transforme las funciones y las competencias requeridas del personal de mantenimiento. Las herramientas de diagnóstico basadas en IA se incorporan cada vez más en vehículos nuevos y se adaptan a flotas existentes. Estas herramientas pueden generar detecciones precisas de fallas, pronósticos de mantenimiento e instrucciones prescriptivas de reparación. En el contexto del mantenimiento predictivo, el sistema puede diagnosticar la avería, sugerir el momento de la intervención y proponer una estrategia de reparación, reduciendo la incertidumbre y las intervenciones reactivas.

Sin embargo, esta eficiencia entraña el riesgo de descualificación funcional. A medida que los sistemas de IA asumen funciones de diagnóstico, los técnicos de mantenimiento pueden perder gradualmente una comprensión integral de los sistemas de los vehículos y volverse dependientes de los resultados algorítmicos. Esta situación encuentra paralelos en otros ámbitos, como la medicina, donde el diagnóstico algorítmico puede erosionar el razonamiento clínico si se utiliza de manera acrítica. Preservar un conocimiento operativo amplio en las ocupaciones de mantenimiento se convierte así en un desafío pedagógico y organizacional. En lugar de reducir la autonomía humana a la ejecución de tareas, los programas de formación deberían buscar un equilibrio entre especialización y comprensión sistémica, permitiendo a los trabajadores intervenir cuando las herramientas inteligentes fallen o produzcan resultados ambiguos.

El mantenimiento predictivo también puede optimizar el flujo de trabajo de los centros de mantenimiento, permitiendo prever con mayor precisión la demanda de servicios, reducir la sobrecarga durante los períodos de máxima actividad y mejorar la planificación de inventarios y de la fuerza laboral. No obstante, su implementación debe ir acompañada de estrategias deliberadas de desarrollo de competencias que preserven la autonomía de los trabajadores y sostengan la integridad epistémica del trabajo de mantenimiento.

4.3 Inteligencia artificial en el sector bancario y financiero

EL SECTOR BANCARIO ha sido pionero en la adopción de tecnologías digitales y sistemas automatizados, lo que lo convierte en uno de los entornos más avanzados para las aplicaciones de inteligencia artificial. Debido al carácter altamente estructurado de los datos financieros y a la digitalización de las operaciones bancarias centrales, el sector ofrece un terreno fértil para probar sistemas de IA en funciones que van desde la atención al cliente hasta el cumplimiento normativo, la modelización de riesgos y la gestión de activos.

En el ámbito de la gestión de las relaciones con los clientes, la IA se utiliza principalmente en la calificación crediticia y la evaluación de riesgos. Durante décadas se han empleado modelos estadísticos tradicionales para estimar la probabilidad de incumplimiento de los prestatarios. Más recientemente, estos modelos se han complementado con algoritmos de aprendizaje automático que incorporan variables no tradicionales y extraen patrones predictivos de grandes conjuntos de datos. Este cambio permite una estratificación del riesgo más granular, pero plantea interrogantes sobre la equidad en los datos, la transparencia y la explicabilidad, en particular cuando los modelos de IA recurren a datos conductuales o de terceros que pueden contener sesgos.

Los sistemas de IA conversacional, en particular los chatbots y los asistentes virtuales, representan uno de los aspectos más visibles y transformadores de la implantación de IA en la banca. Estos sistemas permiten interactuar con los clientes las 24 horas del día, los 7 días de la semana, responder consultas básicas, iniciar transacciones y derivar los casos complejos a agentes humanos. La incorporación del procesamiento del lenguaje natural ha mejorado significativamente su rendimiento y la experiencia del usuario. Según Satheesh et al. (2018), los agentes conversacionales están transformando la naturaleza del trabajo de atención directa al cliente, reduciendo el número de interacciones rutinarias gestionadas por el personal de primera línea y permitiendo que los empleados humanos se concentren en servicios personalizados de mayor valor.

La IA también desempeña un papel creciente en las operaciones financieras y la gestión de activos. En la gestión de carteras, las herramientas de IA se utilizan para analizar señales débiles en los mercados financieros, detectar tendencias emergentes y generar recomendaciones de inversión en tiempo real. Estas aplicaciones adquieren una importancia cada vez mayor en la negociación de alta frecuencia y la gestión algorítmica de fondos, donde las decisiones tomadas en milisegundos influyen en los resultados del mercado. Además, los sistemas de IA se utilizan para optimizar la asignación de capital y modelizar escenarios macroeconómicos para inversores institucionales.

En el ámbito del cumplimiento normativo y la regulación, la IA se ha implantado para detectar transacciones anómalas, identificar posibles casos de fraude y apoyar los esfuerzos contra el lavado de dinero (AML). Los algoritmos entrenados con patrones de transacciones, datos geográficos y perfiles históricos de riesgo pueden señalar actividades sospechosas con una precisión cada vez mayor. Los sistemas de reconocimiento óptico de caracteres y análisis de imágenes también se utilizan para automatizar la verificación de identidad de los clientes, extrayendo y procesando datos de documentos de identificación escaneados.

Estas innovaciones están reconfigurando el panorama ocupacional de la banca. Aunque determinadas funciones administrativas y de oficina pueden disminuir, existe una demanda creciente de científicos de datos, auditores de algoritmos, responsables de ética de la IA y especialistas en ciberseguridad financiera. El éxito de la adopción de IA en el sector bancario dependerá de la manera en que las instituciones equilibren la automatización con la supervisión humana, preserven la confianza de los clientes y garanticen que la innovación se ajuste a estándares regulatorios en evolución.

La implementación progresiva de la inteligencia artificial en el sector bancario está redefiniendo tanto la estructura del trabajo como las competencias requeridas en múltiples niveles operativos. Según Athling (2017), la profesión de asesor bancario atraviesa una transformación que afecta no solo a las responsabilidades técnicas y de cumplimiento normativo, sino también a la propia identidad de las funciones vinculadas con la relación con los clientes. Las tareas relacionadas con el seguimiento regulatorio, la supervisión fiscal y la detección de riesgos —incluidos el lavado de dinero y el fraude fiscal— son realizadas o asistidas cada vez más por sistemas inteligentes. Herramientas como Doctrine, un motor de búsqueda jurídica impulsado por IA, ilustran el creciente papel de la asistencia algorítmica para manejar marcos regulatorios complejos.

Esta transformación se produce al mismo tiempo que cambian las expectativas de los consumidores, en particular la demanda de un servicio ininterrumpido y omnicanal. A medida que los bancos avanzan hacia una disponibilidad permanente, surge un modelo híbrido de apoyo automatizado y humano. En este modelo, los sistemas de IA clasifican las solicitudes y resuelven consultas comunes, mientras que las interacciones más complejas son gestionadas por agentes humanos. En algunos casos se contempla un modelo de servicio de dos niveles, en el que la asistencia básica de IA se ofrece sin costo y el servicio humano personalizado se reserva para clientes prémium o casos de uso específicos. Esto podría provocar una bifurcación de las funciones de operación de plataformas: una reducción del número de trabajadores de primera línea dedicados a consultas rutinarias, combinada con un aumento de la complejidad y de las exigencias cognitivas de las funciones restantes.

La creciente eficacia de la IA para resolver cuestiones relacionadas con las plataformas, especialmente en la banca en línea —hoy principal canal de interacción para la mayoría de los clientes—, tiene el potencial de aliviar una carga administrativa considerable. Esta reasignación de tareas puede permitir a los bancos capacitar a agentes de servicio para asumir funciones tradicionalmente asignadas a los asesores, reconfigurando así las jerarquías internas de funciones. Los clientes perciben cada vez más a su asesor no como un cogestor de su cartera financiera, sino como una interfaz de apoyo capaz de resolver una amplia variedad de asuntos bajo demanda.

En este entorno en evolución están surgiendo nuevos actores. Los proveedores integrados de servicios especializados en relaciones con clientes y agregación de datos —que a menudo trabajan para terceros— aprovechan la IA para ofrecer sistemas de asistencia totalmente automatizados. El concepto de «bot-shoring» sustituye al offshoring tradicional: en lugar de trasladar servicios al extranjero para reducir los costos laborales, las empresas evalúan ahora qué procesos pueden automatizarse localmente, reduciendo gastos sin desplazamiento geográfico. Este cambio intensifica aún más la competencia en el sector y presiona a los bancos tradicionales para acelerar sus estrategias de transformación digital.

Paradójicamente, la IA también puede reforzar el valor de los asesores humanos al automatizar tareas de bajo valor y permitirles concentrarse en el asesoramiento personalizado. A medida que la IA reduce la carga cognitiva de las tareas regulatorias o procedimentales, los asesores pueden dedicar más atención a comprender los objetivos de los clientes, recomendar productos financieros y proporcionar orientación estratégica. Esta transición priorizaría las competencias relacionales y de toma de decisiones, alentando a las instituciones financieras a invertir en programas de formación centrados en negociación, comunicación y asesoramiento personalizado. Que la IA en la banca conduzca a una mayor digitalización o a una rehumanización de los servicios financieros dependerá en gran medida de las decisiones estratégicas adoptadas por los dirigentes institucionales.

Más allá de las funciones de atención al cliente, la implementación de IA en las funciones de apoyo se está acelerando. Las tareas de recopilación de datos, validación de información y seguimiento de transacciones están cada vez más sujetas a optimización o automatización. Aunque la IA no reestructura radicalmente los sistemas de información, prolonga tendencias ya iniciadas con la automatización robótica de procesos (RPA) durante la década de 1990. En ámbitos relacionados con el cumplimiento normativo, las aplicaciones de IA pueden mejorar competencias como la capacidad de respuesta y la adaptabilidad, y reforzar las habilidades digitales y ofimáticas. Estas áreas, a su vez, están vinculadas con una mayor empleabilidad, lo que sugiere que las transformaciones inducidas por la IA no necesariamente producirán pérdidas de empleo, sino más bien una recualificación laboral.

El análisis prospectivo sectorial realizado por organizaciones internacionales como la Comisión Económica para América Latina y el Caribe (CEPAL) revela la naturaleza heterogénea y multidimensional del impacto de la IA. Las transformaciones inducidas por la IA afectan las tareas, las profesiones, la organización del trabajo y las relaciones laborales. Pueden identificarse tres tipos de tareas. En primer lugar, existen nuevas tareas posibilitadas por la IA, como la monitorización continua mediante dispositivos conectados en la atención sanitaria. En segundo lugar, se encuentra la automatización de operaciones antes manuales, como la conducción autónoma de mercancías por carretera o la detección automatizada de fraude en la banca. Estas transformaciones tienden a devaluar determinadas competencias procedimentales, como la planificación rutinaria o el cumplimiento normativo, que ahora quedan aseguradas por sistemas algorítmicos. En tercer lugar, existen tareas que siguen requiriendo intervención humana debido a los límites actuales de la IA, como la atención médica compleja o la conducción en condiciones de tráfico altamente variables.

Es importante señalar que la implantación de IA no solo transforma los empleos existentes, sino que genera nuevas profesiones relacionadas con el diseño, la implementación, la monitorización y el mantenimiento de sistemas inteligentes. Estas funciones abarcan un amplio espectro de cualificaciones. En el nivel más alto, los investigadores en IA y los científicos de datos son esenciales para el desarrollo de modelos y la arquitectura de sistemas. Sin embargo, otras funciones —como la supervisión de datos de entrenamiento, la corrección de errores, la evaluación de algoritmos y las pruebas de campo— requieren niveles medios o bajos de especialización. Aunque estas funciones pueden no representar la mayoría del empleo, son cruciales para garantizar la funcionalidad, la seguridad y la rendición de cuentas de los sistemas de IA.

Para satisfacer la demanda de estas funciones, los programas educativos y de certificación en disciplinas relacionadas con la IA están proliferando en todo el mundo. Las instituciones han comenzado a ofrecer titulaciones especializadas en ingeniería de datos, gestión ética de la IA, auditoría de algoritmos y aprendizaje automático aplicado. La aparición de estas profesiones sugiere que el impacto a largo plazo de la IA sobre el empleo en la banca y las finanzas no consistirá meramente en una reducción o sustitución, sino en recomposición y diversificación, con cambios cualitativos en los requisitos de conocimiento y en las estructuras laborales.

4.4 Impactos sectoriales de la inteligencia artificial: transformaciones, tensiones y el futuro del trabajo

EL ANÁLISIS DE LA INTELIGENCIA artificial (IA) en tres sectores económicos fundamentales —salud, transporte y banca— revela tanto la heterogeneidad como la profundidad estructural de las transformaciones actualmente en curso. Lejos de producir efectos uniformes, la IA altera los paisajes ocupacionales de acuerdo con la naturaleza de las tareas, los marcos regulatorios y las decisiones estratégicas adoptadas por las organizaciones. Reorganiza los procesos laborales, modifica las jerarquías de competencias y redefine la distribución de responsabilidades entre seres humanos y sistemas inteligentes.

Entre los hallazgos más destacados se encuentra el potencial de la IA para fomentar el aprendizaje continuo y mejorar el desempeño organizacional cuando se implanta en entornos colaborativos humano-máquina. En la atención sanitaria, la IA ha contribuido a la precisión diagnóstica y ha permitido nuevas formas de monitorización de pacientes; en el transporte, ha introducido sistemas de mantenimiento predictivo y ha iniciado la transición gradual hacia la automatización de la movilidad; en la banca, ha reestructurado la interacción con los clientes y la modelización de riesgos. En todos los casos, la IA ha liberado a los trabajadores de tareas repetitivas y rutinarias y ha abierto espacio para funciones más complejas, analíticas o interpersonales.

Esta transformación pone en primer plano la valorización de las competencias sociales y humanas. A medida que los sistemas de IA asumen funciones operativas y computacionales, adquieren mayor relevancia competencias humanas como la empatía, la negociación, el razonamiento ético y la interpretación contextual. En profesiones históricamente infravaloradas —como auxiliares sanitarios, agentes de atención al cliente y coordinadores logísticos—, las capacidades interpersonales y adaptativas constituyen ahora aportes fundamentales al desempeño. En términos más amplios, la IA fortalece todas las profesiones que dependen de la interacción humana, la construcción de confianza y la discrecionalidad.

Sin embargo, este cambio no está exento de tensiones ni contradicciones. La delegación de tareas a sistemas de IA también puede aumentar la carga cognitiva de los trabajadores, especialmente a medida que las tareas se vuelven más complejas y de mayor riesgo. Liberados de funciones mecánicas, los empleados deben ahora interpretar resultados generados por máquinas, evaluar sugerencias algorítmicas y asumir la responsabilidad final de decisiones cuya lógica interna puede resultar opaca. El caso de la IA diagnóstica en medicina o de los algoritmos predictivos en el mantenimiento de vehículos ilustra la dificultad de mantener la rendición de cuentas frente a la opacidad tecnológica. En el contexto del aprendizaje profundo, donde la interpretabilidad de los modelos es limitada, la necesidad de reflexión crítica, verificación y justificación se vuelve aún más aguda. Estos cambios también plantean desafíos para la integridad cognitiva. A medida que algunas funciones se automatizan, las competencias que antes exigían pueden atrofiarse por falta de uso. El ejemplo de la navegación mediante GPS y su impacto documentado sobre las capacidades de orientación espacial es emblemático de este riesgo. Por tanto, las organizaciones y los desarrolladores deben afrontar la cuestión de qué capacidades humanas deberían preservarse y cómo podrían diseñarse los sistemas de IA para favorecer, en lugar de sustituir, la implicación cognitiva. Diseñar para la simbiosis en lugar de para la sustitución exige principios de gobernanza que protejan el florecimiento humano como valor central.

Los efectos de la IA sobre el trabajo también dependen de la orientación estratégica de cada institución. Cuando la IA se implanta para mejorar la calidad del trabajo y fomentar la autonomía, puede producir beneficios sustanciales en motivación, aprendizaje y desempeño organizacional. Por el contrario, cuando su introducción está guiada principalmente por imperativos de reducción de costos, la IA puede restringir las dinámicas de aprendizaje, socavar la discrecionalidad profesional y agravar las desigualdades. En este sentido, el modelo de negocio y la cultura institucional de la organización que adopta la tecnología desempeñan un papel decisivo en la configuración de los resultados.

Por último, el capítulo subraya la importancia de la regulación y los marcos de gobernanza específicos de cada sector. Los riesgos de sobrecarga cognitiva, degradación de competencias y estrés laboral asociados con la integración de la IA requieren respuestas estructuradas. Investigaciones emergentes, como encuestas realizadas en Japón, sugieren que, aunque los trabajadores manifiestan satisfacción al realizar tareas intelectualmente más exigentes facilitadas por la IA, también experimentan mayores niveles de estrés e incertidumbre. Estos hallazgos invitan a implementar instrumentos normativos que garanticen una distribución justa y sostenible del trabajo cognitivo en entornos con apoyo de IA. En conclusión, el análisis sectorial de la IA revela una transformación dinámica y no lineal del trabajo. No es la automatización en sí misma, sino la lógica de implementación y la gobernanza de sus efectos, lo que determinará si la IA contribuye al desarrollo humano o refuerza modelos mecanicistas del trabajo. El futuro del trabajo dependerá de cómo sociedades, instituciones e individuos negocien el equilibrio entre eficiencia y dignidad, entre sistemas inteligentes y una agencia humana significativa.

4.5 Colaboración humano-máquina y riesgos laborales emergentes

LA INTEGRACIÓN DE SISTEMAS robóticos basados en IA en entornos laborales se ha expandido considerablemente en los últimos años, en particular mediante la adopción de robots colaborativos, o cobots. Estos sistemas, diseñados para operar cerca de trabajadores humanos, se utilizan cada vez más en sectores como la manufactura industrial, la logística, la automatización de almacenes e incluso la atención sanitaria. Sus principales funciones incluyen apoyar el transporte de cargas pesadas, asistir en operaciones de líneas de montaje mediante brazos robóticos o exoesqueletos y desplazarse de forma autónoma por pasillos de fábricas u hospitales. Al combinar movimientos precisos y repetitivos con asistencia ergonómica, los cobots buscan reducir el esfuerzo físico, disminuir los accidentes laborales y ampliar la capacidad de trabajo de empleados de mayor edad o con discapacidad.

En principio, el uso de cobots puede contribuir positivamente a la salud laboral mediante la reducción de riesgos biomecánicos. Las tareas que implican esfuerzo repetitivo, posturas forzadas o manipulación de cargas excesivas —factores de riesgo reconocidos para los trastornos musculoesqueléticos— pueden automatizarse parcialmente o compartirse entre seres humanos y máquinas. En estas configuraciones, la colaboración robótica puede aliviar las exigencias físicas sobre los trabajadores al tiempo que mantiene o aumenta la productividad. Además, en contextos como el cuidado de personas mayores o la logística hospitalaria, los cobots ofrecen nuevas formas de apoyar a personal sobrecargado, encargándose de tareas repetitivas o de gran esfuerzo que de otro modo requerirían una esfuerzo físico constante.

Sin embargo, estos beneficios conllevan riesgos que pueden contrarrestarlos. Una primera área de preocupación se relaciona con las dinámicas psicosociales en el lugar de trabajo. A medida que los cobots se integran en los flujos de trabajo, los trabajadores pueden verse obligados a adaptar su ritmo y su actividad al ritmo impuesto por la máquina. Este ajuste puede provocar mayor estrés cognitivo, menor autonomía y una sensación de vigilancia o pérdida de control. En entornos industriales de alto rendimiento, esta dinámica puede intensificar la presión sobre los operadores, especialmente cuando el nivel de producción queda estrechamente vinculado con la eficiencia robótica.

En segundo lugar, los riesgos físicos persisten a pesar de los avances en el diseño de seguridad. Las colisiones entre seres humanos y máquinas autónomas siguen siendo posibles, en particular en espacios de trabajo compartidos donde la predicción de trayectorias en tiempo real y la respuesta inmediata del sistema son técnicamente complejas. Aunque los cobots suelen estar equipados con conjuntos de sensores y programados para detenerse al producirse contacto, las variaciones del entorno, la velocidad y la imprevisibilidad humana introducen un margen de error no despreciable. Esto resulta especialmente crítico en entornos de alto rendimiento, donde la latencia del sistema o una calibración incorrecta pueden provocar lesiones.

En tercer lugar, la creciente autonomía de los sistemas robóticos puede reducir paradójicamente el margen de decisión de los trabajadores humanos. En situaciones donde se otorga a los cobots autoridad parcial sobre la secuenciación, la verificación de calidad o la priorización de tareas, los operadores pueden quedar relegados a una supervisión pasiva o a la resolución reactiva de problemas. Esta reconfiguración de funciones podría disminuir el compromiso de los trabajadores, el uso de sus competencias y su identidad profesional, particularmente en ocupaciones tradicionalmente arraigadas en la pericia manual o el juicio artesanal.

Además, la presencia de sistemas de recopilación multisensorial de datos en la robótica introduce importantes interrogantes sobre privacidad y vigilancia. Los cobots dependen con frecuencia de cámaras integradas, detectores de movimiento, sensores térmicos y captura de audio para desplazarse e interpretar su entorno. En lugares de trabajo como hospitales o centros asistenciales, esto plantea profundas preocupaciones éticas sobre el carácter intrusivo de la observación basada en IA. La implantación de sistemas robóticos en habitaciones de pacientes, por ejemplo, puede vulnerar los límites de la intimidad y comprometer la dignidad de quienes reciben cuidados, salvo que esté regida por estrictos protocolos de transparencia y minimización de datos.

Desde una perspectiva jurídica e institucional, las cuestiones de responsabilidad y atribución jurídica siguen sin resolverse. En caso de accidente que involucre a un robot colaborativo, la distribución de responsabilidad entre fabricantes, integradores, operadores y usuarios finales continúa siendo jurídicamente compleja. Aunque la mayoría de las jurisdicciones mantienen la responsabilidad del empleador dentro de los marcos de seguridad y salud en el trabajo, la aparición de sistemas semiautónomos complica la atribución de culpa, especialmente cuando el daño deriva de errores de interacción, fallas de software o decisiones no transparentes del subsistema de IA.

Por estas razones, la implementación de robótica colaborativa debe ir acompañada de un marco sólido de gobernanza de riesgos. Las organizaciones deben anticipar no solo los riesgos técnicos, sino también los efectos sociales y psicológicos, garantizando que la integración de la IA refuerce el bienestar humano en lugar de socavarlo. Las evaluaciones de riesgos deben ser participativas e incluir a operadores, expertos en seguridad, especialistas en ética y asesores jurídicos, y deberían orientar el diseño, la implantación y la supervisión de los sistemas colaborativos. Asimismo, la transparencia respecto de la recopilación, el almacenamiento y el uso de datos procedentes de sensores es esencial para mantener la confianza y la aceptabilidad social en lugares de trabajo cada vez más compartidos con máquinas.

En última instancia, la adopción eficaz y ética de la robótica colaborativa depende no solo de la madurez tecnológica, sino también de un compromiso normativo con la dignidad, la autonomía y la seguridad humanas. A medida que avanzan las tecnologías de IA, la pregunta central no será si las máquinas pueden trabajar junto a los seres humanos, sino bajo qué condiciones, con qué salvaguardas y en beneficio de quién.

CAPÍTULO 5: GOBERNANZA, ÉTICA Y FUTURO ESTRATÉGICO DE LA IA

5.1 La necesidad de un marco de gobernanza centrado en el ser humano

La integración acelerada de la inteligencia artificial (IA) en las estructuras productivas y sociales ha revelado una profunda asimetría entre el ritmo de la innovación tecnológica y el establecimiento de marcos regulatorios, éticos e institucionales capaces de orientar su impacto hacia resultados socialmente deseables. En este contexto, la gobernanza de la IA no debe reducirse a una cuestión de administración técnica o regulación reactiva. Debe reconcebirse como un proceso proactivo de construcción política y normativa, centrado en la preservación y promoción de la dignidad, la autonomía y la solidaridad humanas.

A diferencia de revoluciones tecnológicas anteriores, la IA no solo desplaza o complementa el trabajo humano; también afecta los procesos de toma de decisiones, la atribución de valor y la distribución de responsabilidades en sistemas cada vez más opacos (Floridi et al., 2018; Russell & Norvig, 2010). Esta opacidad refuerza la necesidad de un modelo de gobernanza que sitúe a los seres humanos en el centro del desarrollo y la implantación algorítmicos, garantizando que los sistemas tecnológicos sirvan a fines éticos, democráticos e inclusivos.

Un marco de gobernanza centrado en el ser humano comprende tres dimensiones interdependientes. En primer lugar, la dimensión normativa se refiere al desarrollo de principios éticos y jurídicos capaces de orientar los sistemas de IA desde el diseño hasta la implementación. Estos principios incluyen, entre otros, transparencia, explicabilidad, justicia, rendición de cuentas y respeto de los derechos humanos

(Floridi et al., 2018; OECD, 2024). La adopción de estos principios no debe permanecer en el plano declarativo, sino ir acompañada de regulaciones vinculantes, mecanismos de cumplimiento y supervisión institucional.

En segundo lugar, la dimensión institucional exige la participación activa de una pluralidad de actores —gobiernos, organizaciones internacionales, empresas, sindicatos, organizaciones de la sociedad civil y academia— en procesos deliberativos sobre el alcance, los límites y los usos aceptables de la IA. Esta gobernanza multiactor no solo garantiza legitimidad democrática, sino que también facilita el desarrollo de normas adaptadas al contexto. La experiencia de la Ley de Inteligencia Artificial de la Unión Europea constituye un ejemplo paradigmático de los esfuerzos regulatorios que buscan equilibrar la innovación y la protección de derechos.

En tercer lugar, la dimensión operativa debe garantizar que los sistemas de IA se diseñen e implanten de manera que respondan a necesidades sociales y no únicamente a la lógica del mercado. Esto incluye procesos de diseño participativo, evaluaciones de impacto antes y después de la implementación y mecanismos institucionales de reparación en casos de daño algorítmico. Además, requiere inversión en educación pública y alfabetización digital para dotar a la ciudadanía de los conocimientos necesarios para comprender, cuestionar y codeterminar el papel de la IA en sus vidas.

En síntesis, la gobernanza de la IA debe reconcebirse no como una cuestión técnica delegada en ingenieros o actores del mercado, sino como un componente central de las sociedades democráticas del siglo XXI. Solo mediante la adopción de un marco centrado en el ser humano —normativo, institucional y operativo— podremos garantizar que la inteligencia artificial contribuya al florecimiento humano en lugar de socavar el contrato social.

5.2 Diseño institucional: regulación, tributación y protección laboral

EL PODER TRANSFORMADOR de la inteligencia artificial (IA) exige no solo directrices éticas y principios de gobernanza, sino también mecanismos institucionales concretos capaces de configurar, limitar y orientar su desarrollo de acuerdo con los objetivos de equidad, sostenibilidad y justicia social. En ausencia de instituciones sólidas, el despliegue de la IA tiende a seguir el camino de menor resistencia: expansión impulsada por el mercado, apropiación asimétrica de datos y externalización de costos sociales. Este subcapítulo examina tres dimensiones institucionales críticas —regulación, tributación y protección laboral— que deben redefinirse en la era de la IA.

En primer lugar, la regulación debe evolucionar desde modelos reactivos de cumplimiento hacia una gobernanza anticipatoria. Los marcos jurídicos tradicionales suelen rezagarse respecto de la innovación técnica, creando vacíos normativos que pueden ser explotados por actores privados (Doshi-Velez & Kim, 2017). Para abordar este problema se requiere un enfoque regulatorio dinámico, que combine marcos basados en principios con normas específicas para cada sector y que sea capaz de adaptarse a nuevos riesgos mediante supervisión y revisión continuas. Por ejemplo, la auditoría algorítmica en tiempo real y la clasificación por niveles de riesgo, tal como se establecen en el Reglamento (UE) 2024/1689 (la Ley de Inteligencia Artificial), ofrecen una dirección prometedora al calibrar las obligaciones jurídicas según el impacto social potencial de las aplicaciones de IA (OECD, 2024). Sin embargo, el historial de implementación de la Ley hasta la fecha ilustra la dificultad con una claridad poco habitual. Sus prohibiciones sobre prácticas de riesgo inaceptable entraron en vigor el 2 de febrero de 2025 y sus obligaciones para los proveedores de modelos de IA de propósito general el 2 de agosto de 2025, seguidas por la aplicación general del Reglamento el 2 de agosto de 2026. Las obligaciones que regulan los sistemas de alto riesgo —evaluación de conformidad, gestión de riesgos, gobernanza de datos, registro y supervisión humana, que constituyen el núcleo sustantivo del marco— estaban originalmente previstas para esa misma fecha. Fueron aplazadas por el Ómnibus Digital sobre IA, Reglamento (UE) 2026/1744, hasta el 2 de diciembre de 2027 para los sistemas independientes incluidos en el Anexo III y hasta el 2 de agosto de 2028 para los sistemas integrados en productos regulados incluidos en el Anexo I, a la espera de la publicación de normas armonizadas.

La secuencia es instructiva y debe leerse con atención, no como un simple fracaso de voluntad política. Lo que entró en vigor según el calendario fueron las obligaciones de transparencia previstas en el artículo 50: la obligación de informar al usuario de que está interactuando con una máquina y la de etiquetar el contenido sintético, mientras que los propios requisitos de marcado de agua del artículo 50(2) fueron aplazados hasta el 2 de diciembre de 2026. Lo que se pospuso fueron las disposiciones que habrían obligado a las instituciones a examinar la sustancia de las decisiones algorítmicas. La divulgación sobrevivió al contacto con la implementación; la capacidad de revisión, no. Esta es precisamente la asimetría que anticipa el presente estudio. Las obligaciones de transparencia pueden satisfacerse describiendo un sistema tal como funciona, un ejercicio compatible con dejar intacto su funcionamiento. La revisión sustantiva exige que una institución evalúe si las regularidades codificadas por un sistema deben seguir rigiendo, y esa capacidad resultó ser precisamente la que el calendario no pudo sostener. El aplazamiento no demuestra que la regulación sea imposible; demuestra que los instrumentos regulatorios desarrollados hasta ahora están calibrados para el modo de fallo equivocado, pues abordan la visibilidad de las decisiones automatizadas en lugar de su revisabilidad. La asimetría admite una explicación estructural, que he desarrollado extensamente en otro trabajo (Startari 2025d). Una obligación de divulgación puede satisfacerse mediante un procedimiento: puede especificarse de antemano, cumplirse mediante una notificación y verificarse con una lista de comprobación; es decir, compila. Una obligación de determinar si las regularidades codificadas por un sistema deben seguir rigiendo no puede cumplirse procedimentalmente, porque el juicio que exige es precisamente aquel que ninguna regla puede especificar de antemano. Las normas que compilan pueden implementarse según el calendario; las normas que requieren juicio se aplazan hasta que lleguen los estándares, y esos estándares son, a su vez, intentos de convertir el juicio en procedimiento. Según esta lectura, el calendario no se retrasó por falta de determinación política. Se retrasó porque las disposiciones aplazadas exigen a las instituciones hacer precisamente aquello que una regla ejecutable no puede hacer por ellas. En segundo lugar, la tributación debe reestructurarse para abordar la desvinculación entre capital y trabajo en las economías impulsadas por la IA. A medida que la automatización sustituye trabajo humano en determinados sectores, los sistemas fiscales tradicionales basados en nóminas e ingresos laborales pueden volverse menos eficaces para financiar bienes públicos, seguridad social y programas de formación (Gans, 2019). Diversos autores han propuesto mecanismos como «impuestos a los robots», impuestos sobre servicios digitales o gravámenes a la monetización de datos para garantizar que las ganancias económicas derivadas de la IA se redistribuyan de manera más equitativa (Susskind, 2020). Estas reformas no son meramente técnicas, sino políticas: implican renegociar cómo se crea y comparte el valor en las economías posindustriales. Por último, los marcos de protección laboral deben actualizarse para salvaguardar a los trabajadores en un contexto de creciente control algorítmico y fragmentación del trabajo. La proliferación de plataformas de trabajo por encargo, sistemas de gestión algorítmica y microtareas remotas ha erosionado las relaciones laborales tradicionales y difuminado los límites de la responsabilidad del empleador (Moore, 2019; ILO, 2023). En respuesta, las instituciones laborales deben ampliar su jurisdicción para incluir formas no estándar de empleo, exigir transparencia algorítmica en las decisiones de gestión y garantizar el acceso a protecciones sociales con independencia de la situación laboral. Esto incluye no solo apoyo económico durante las transiciones, sino también capacidad jurídica para impugnar decisiones automatizadas que afecten la contratación, la remuneración o el despido. En conclusión, sin rediseño institucional, las promesas de la IA —eficiencia, escalabilidad, personalización— pueden coexistir con una desigualdad creciente, inseguridad laboral y erosión democrática. Por tanto, es imperativo implementar marcos regulatorios prospectivos, mecanismos tributarios equitativos y protecciones laborales sólidas para garantizar que la IA sirva no solo a la innovación, sino también a la inclusión. La legitimidad de la transición hacia la IA dependerá de que las instituciones sean capaces de alinear las capacidades tecnológicas con los imperativos de cohesión social y bienestar colectivo.

5.3 El imperativo ético: autonomía, responsabilidad y transparencia

LA GOBERNANZA ÉTICA de la inteligencia artificial (IA) no puede concebirse como un accesorio de la innovación; debe constituir su columna vertebral normativa. La creciente integración de la IA en procesos críticos de toma de decisiones —desde el diagnóstico médico hasta la evaluación judicial del riesgo y la selección de personal— exige un marco ético sistemático y exigible que proteja la autonomía individual, clarifique la responsabilidad y garantice la transparencia a lo largo de todo el ciclo de vida de la IA (Floridi et al., 2018; Obermeyer et al., 2019).

La autonomía es la piedra angular de las sociedades democráticas liberales. Sin embargo, los sistemas de IA capaces de influir, recomendar o incluso decidir en nombre de las personas plantean preocupaciones fundamentales sobre la erosión de la autodeterminación. Desde los estímulos algorítmicos que moldean el comportamiento del consumidor hasta los modelos de vigilancia policial predictiva que anticipan conductas delictivas, el poder sutil de la IA para configurar elecciones desafía las concepciones tradicionales del libre albedrío y la agencia moral (Barocas, Hardt, & Narayanan, 2019). La gobernanza ética debe, por tanto, garantizar el derecho de las personas a excluirse de sistemas automatizados, acceder a procedimientos alternativos basados en intervención humana y recibir información sobre cómo se toman las decisiones impulsadas por IA.

La responsabilidad, en el contexto de la IA, es difusa. Los modelos tradicionales de rendición de cuentas —en los que los agentes están claramente identificados y responden por las consecuencias de sus actos— no se aplican con facilidad a sistemas algorítmicos complejos, con múltiples actores y, en ocasiones, opacos. ¿Quién es responsable cuando un algoritmo médico diagnostica erróneamente a un paciente? ¿El desarrollador, el científico de datos, la institución que implantó el sistema o el propio algoritmo? Para abordar estas ambigüedades debe implementarse un modelo de cadena de responsabilidad, en el que la rendición de cuentas esté distribuida pero sea rastreable a lo largo del proceso de desarrollo e implantación de la IA (Russell & Norvig, 2010). Además, el «derecho a una explicación», ya presente en el Reglamento General de Protección de Datos (GDPR) europeo, debe ampliarse y hacerse operativo en todos los sistemas de IA de alto impacto.

La transparencia es la condición previa para el escrutinio ético y el control democrático. Sin embargo, muchos sistemas de IA —especialmente los basados en aprendizaje profundo— funcionan como «cajas negras», haciendo que su lógica interna sea inaccesible incluso para sus creadores. Esta opacidad epistémica dificulta la capacidad de usuarios, reguladores y personas afectadas para comprender, cuestionar o impugnar decisiones automatizadas (Doshi-Velez & Kim, 2017). Para abordar este problema, la IA explicable (XAI) debe ocupar un lugar prioritario tanto en la investigación como en la regulación, garantizando que los modelos utilizados en ámbitos críticos puedan interpretarse, auditarse y, cuando sea necesario, ser anulados por agentes humanos.

Además, la transparencia no debe limitarse a los aspectos técnicos, sino extenderse también a la procedencia de los datos, los objetivos algorítmicos y las compensaciones entre valores. Por ejemplo, un algoritmo de calificación crediticia entrenado con datos históricos sesgados puede reproducir desigualdades sociales incluso si su lógica parece estadísticamente sólida (Obermeyer et al., 2019). Una IA ética requiere no solo modelos transparentes, sino también procesos de diseño inclusivos en los que se incorporen perspectivas diversas para cuestionar supuestos implícitos y prevenir resultados discriminatorios.

En suma, autonomía, responsabilidad y transparencia no son principios abstractos, sino imperativos operativos que deben orientar cada etapa del desarrollo de la IA. Son los pilares de una IA verdaderamente centrada en el ser humano: una que no solo amplíe capacidades, sino que proteja la dignidad, fomente la rendición de cuentas y refuerce el control democrático sobre sistemas tecnológicos cada vez más poderosos.

5.4 De las organizaciones que aprenden al aprendizaje societal

LA ADOPCIÓN GENERALIZADA de la inteligencia artificial (IA) no solo redefine las estructuras de trabajo y los procesos de toma de decisiones dentro de las organizaciones, sino que también exige una transformación fundamental en la manera en que las sociedades generan, distribuyen y aplican el conocimiento. Aunque el concepto de «organización que aprende» ha demostrado ser eficaz para promover la adaptabilidad, la creatividad y el pensamiento sistémico dentro de las empresas (Senge, 1990), los desafíos planteados por la IA exigen ahora ampliar este modelo para abarcar a la sociedad en su conjunto. Esta transición hacia el aprendizaje societal no es meramente un proyecto educativo, sino un imperativo estratégico para la resiliencia democrática y la cogobernanza tecnológica.

Las organizaciones que aprenden —caracterizadas por la toma de decisiones descentralizada, la colaboración interfuncional y la resolución reflexiva de problemas— están especialmente bien posicionadas para fomentar una complementariedad inteligente entre seres humanos y máquinas. Permiten la actualización continua de competencias, la experimentación colectiva y el aprendizaje a partir de los errores, lo que favorece tanto la innovación organizacional como el bienestar de los empleados (Kolb, 1984). Sin embargo, los beneficios de este modelo siguen distribuyéndose de manera desigual entre sectores y regiones y, con frecuencia, se limitan a entornos de alta cualificación o intensivos en investigación. En la era de la IA, ya no es viable circunscribir el aprendizaje a los límites de la organización.

El aprendizaje societal exige que los principios de reflexión, retroalimentación sistémica y democratización del conocimiento se amplíen a contextos institucionales y cívicos más amplios. Esto implica integrar políticas de aprendizaje permanente, ecosistemas de innovación participativa y programas inclusivos de alfabetización digital. Las instituciones públicas, los sistemas educativos, los medios de comunicación y la sociedad civil deben colaborar para cultivar no solo competencias técnicas, sino también pensamiento crítico, razonamiento ético y capacidad colectiva de anticipación. De este modo, el aprendizaje societal se convierte en la infraestructura mediante la cual las poblaciones adquieren la capacidad de desenvolverse en sistemas algorítmicos, cuestionarlos y darles forma a medida que estos impregnan cada vez más todos los ámbitos de la vida (Zawacki-Richter et al., 2019). Además, la aparición de la gobernanza algorítmica —en la que decisiones antes tomadas por seres humanos se delegan parcial o totalmente a máquinas— exige que la propia ciudadanía adquiera capacidad epistémica. Es decir, debe comprender cómo se recopilan los datos, cómo se entrenan los modelos y qué valores están incorporados en los sistemas de IA. Este empoderamiento epistémico no equivale a pericia técnica, sino al desarrollo de capacidades cognitivas y democráticas que permitan una participación significativa en las decisiones sobre tecnología. Sin esta alfabetización a escala social, la asimetría entre las élites tecnológicas y la población general se ampliará, generando un déficit de legitimidad democrática y confianza pública. Paralelamente, los marcos de política pública deben evolucionar para reconocer y apoyar como válidos y esenciales el aprendizaje informal, comunitario y experiencial. El aprendizaje no ocurre exclusivamente en escuelas o empresas; surge en redes sociales, grupos de pares y comunidades activistas que se enfrentan en tiempo real a las consecuencias de la IA. El reconocimiento institucional de estas prácticas —así como el apoyo a la ciencia ciudadana, la evaluación participativa de tecnologías y la innovación de abajo hacia arriba— puede enriquecer considerablemente la capacidad social de aprender y adaptarse frente al rápido cambio tecnológico. En conclusión, fomentar una complementariedad inteligente entre los seres humanos y la IA no puede lograrse únicamente mediante intervenciones técnicas. Requiere una infraestructura social de aprendizaje —reflexiva, participativa y distribuida— que permita a individuos y comunidades participar activamente en la configuración de la evolución tecnológica. Desde esta perspectiva más amplia, el aprendizaje no es simplemente una herramienta de adaptación económica, sino un medio para cultivar autonomía social, deliberación ética y agencia colectiva en la era de la IA.

5.5 Estrategias a largo plazo: innovación, equidad y resiliencia

LA INTELIGENCIA ARTIFICIAL (IA) no es una ola tecnológica pasajera: constituye una transformación estructural cuyas implicaciones a largo plazo van más allá de las ganancias de productividad o de la disrupción económica. La manera en que las sociedades respondan hoy a la IA determinará no solo la configuración de los mercados laborales y los ecosistemas industriales, sino también los fundamentos éticos, las capacidades institucionales y la cohesión social de las generaciones futuras. En este contexto, las estrategias a largo plazo deben articularse en torno a tres ejes fundamentales: innovación, equidad y resiliencia.

En primer lugar, la política de innovación debe pasar de una lógica puramente competitiva a otra que también esté orientada a misiones y arraigada socialmente. El desarrollo de la IA no debe quedar confinado a agendas privadas de investigación ni a aplicaciones destinadas a maximizar la eficiencia. Por el contrario, debe orientarse a resolver grandes desafíos sociales: cambio climático, salud pública, equidad educativa y participación democrática (Mazzucato, 2018). La inversión pública y la regulación deben, por tanto, promover una «innovación orientada a propósitos», en la que la IA contribuya al desarrollo inclusivo y sostenible en lugar de reforzar las asimetrías existentes de poder y acceso.

En segundo lugar, la equidad debe situarse en el centro de la gobernanza de la IA. Esto implica diseñar infraestructuras tecnológicas que sean accesibles, interoperables e inclusivas por defecto. En la práctica, significa combatir la discriminación algorítmica, garantizar un acceso equitativo a programas de formación de alta calidad y construir mecanismos redistributivos —por ejemplo, dividendos digitales, renta universal de datos o plataformas públicas de IA— que democraticen los beneficios de la IA entre poblaciones y territorios (Susskind, 2020). Sin un esfuerzo deliberado por abordar la desigualdad, la IA puede agravar desventajas estructurales tanto dentro de los países como entre ellos.

En tercer lugar, la resiliencia debe redefinirse no meramente como la capacidad de «recuperarse» después de una disrupción, sino como la capacidad sistémica de anticipar, absorber y adaptarse a cambios complejos. En un mundo cada vez más configurado por crisis interdependientes —pandemias, inestabilidad geopolítica, fragilidad de las cadenas de suministro, degradación ambiental—, la IA puede desempeñar un papel vital en el apoyo a una gobernanza anticipatoria. Esto incluye sistemas de alerta temprana, modelos de simulación de crisis, asignación dinámica de recursos y evaluación de riesgos en tiempo real. Sin embargo, la resiliencia también exige preservar el juicio humano, la deliberación ética y los mecanismos de aprendizaje institucional capaces de mediar entre las posibilidades tecnológicas y los valores sociales (OECD, 2024).

Desde una perspectiva estratégica, fomentar la innovación, la equidad y la resiliencia exige coordinación entre distintos niveles de gobernanza: acuerdos internacionales sobre estándares y ética de la IA; políticas nacionales en materia de educación, tributación y trabajo; e iniciativas locales que contextualicen el despliegue de la IA según las necesidades específicas de cada comunidad. Las estrategias a largo plazo también requieren perspectiva temporal. Los marcos de política pública deben incorporar indicadores prospectivos, modelización de escenarios y ejercicios de prospectiva para explorar futuros alternativos, evitar dependencias de trayectoria y corregir el rumbo cuando sea necesario (UNESCO, 2021). En suma, la política sobre IA no puede seguir siendo reactiva, fragmentada o tecnocrática. Debe reimaginarse como una arquitectura multidimensional que alinee el progreso tecnológico con un propósito colectivo, distribuya sus beneficios de manera justa y fortalezca a la sociedad frente a las perturbaciones e incertidumbres del siglo XXI. No se trata simplemente de gestionar la innovación, sino de gobernar el futuro.

5.6 Vacíos de investigación y diálogo multiactor

A PESAR DEL CRECIENTE volumen de literatura sobre las implicaciones económicas, sociales y éticas de la inteligencia artificial (IA), persisten importantes vacíos de investigación. Estos vacíos no solo dificultan nuestra capacidad para comprender el impacto pleno de la IA sobre el trabajo y la sociedad, sino que también limitan la eficacia de las políticas públicas y las respuestas institucionales. Cerrarlos exige un esfuerzo concertado para integrar enfoques de investigación multidisciplinarios con un diálogo inclusivo y participativo que involucre a una amplia variedad de actores.

Una de las principales limitaciones de la investigación existente es la escasez de datos desagregados y de alta calidad sobre la adopción de IA en el ámbito organizacional. La mayoría de los estudios cuantitativos se apoyan en indicadores macroeconómicos o estimaciones generalizadas del «potencial de automatización», a menudo basadas en taxonomías de tareas y no en implementaciones reales (Holm & Lorenz, 2022). Como resultado, siguen estando poco estudiados los matices de cómo se integra realmente la IA en los procesos productivos, las relaciones laborales y los marcos de toma de decisiones. Además, se conoce poco sobre las dinámicas internas de las empresas —decisiones estratégicas, estructuras de costos, resistencia organizacional y prácticas de gestión— que determinan el éxito o el fracaso del despliegue de la IA.

También faltan metodologías sólidas para evaluar los efectos sistémicos y de largo plazo de la IA. Aunque en algunas jurisdicciones se han propuesto evaluaciones de impacto algorítmico, siguen estando poco desarrolladas y rara vez se aplican en la práctica (Doshi-Velez & Kim, 2017). Los estudios específicos por sector, en particular en países de ingresos bajos y medios, están gravemente subrepresentados, lo que genera una comprensión sesgada de las tendencias mundiales y oculta los impactos diferenciados entre geografías, industrias y categorías socioprofesionales. Para superar estos desafíos deben diseñarse nuevos instrumentos empíricos: encuestas adaptadas a las realidades de trabajadores, empresas y actores institucionales, capaces de captar en contexto la complejidad de las transformaciones algorítmicas. Los protocolos de estudios de caso y las entrevistas semiestructuradas con diversos actores —usuarios de IA, desarrolladores, reguladores, representantes laborales— pueden enriquecer nuestra comprensión de cómo los principios éticos se traducen —o no— en la práctica. Estos enfoques cualitativos son esenciales para explorar preguntas clave: ¿cómo definen las organizaciones la «IA responsable»? ¿Cuáles son las principales barreras para implementar explicabilidad, equidad o mecanismos de reparación? ¿Qué formas de participación de los trabajadores existen en las decisiones relacionadas con la IA? Paralelamente, el diseño de interfaces humano-máquina y sus impactos cognitivos y ergonómicos siguen estando insuficientemente explorados. La investigación debe examinar cómo estas interfaces influyen en la atención, el juicio, la autonomía y la responsabilidad, y cómo reconfiguran la relación entre la pericia humana y los resultados generados por máquinas (Voss, 2021). Comprender mejor estas dinámicas es esencial para garantizar que los sistemas de IA refuercen, en lugar de socavar, las capacidades humanas. El diálogo multiactor no es simplemente un mecanismo de consulta: es una necesidad epistémica. La legitimidad y eficacia de la gobernanza de la IA dependen de incluir a quienes resultan más afectados por la tecnología. Gobiernos, sindicatos, organizaciones de la sociedad civil, academia, industria y usuarios finales deben participar en el codiseño de sistemas de IA y en la definición de los límites de su uso. Mecanismos participativos como asambleas ciudadanas, comités de revisión ética y consejos algorítmicos en el lugar de trabajo pueden contribuir a institucionalizar este diálogo. En conclusión, cerrar los vacíos de investigación y gobernanza en torno a la IA exige un doble movimiento: ampliar nuestras herramientas empíricas y teóricas, y ensanchar la base democrática de la toma de decisiones tecnológicas.

Solo mediante una investigación inclusiva, sensible al contexto e interdisciplinaria podremos construir la inteligencia institucional necesaria para afrontar un futuro impulsado por la IA con previsión y justicia.

CAPÍTULO 6: EL CIERRE DE LOS FUTUROS INSTITUCIONALES

6.1 Reformulación del argumento frente a la evidencia

Los cinco capítulos anteriores fueron escritos, en sus ediciones previas, como un estudio panorámico. Siguen siéndolo, y nada de lo expuesto en ellos ha sido retirado. Pero también constituían, sin que yo lo hubiera reconocido entonces, una acumulación de evidencia en favor de una única proposición, y este capítulo formula esa proposición contrastándola con la evidencia reunida, en lugar de plantearla por anticipado.

La proposición es que la inteligencia artificial, tal como está constituida en la actualidad, es un instrumento de conservación más que de transformación, y que su principal peligro no reside en aquello que desplaza, sino en aquello que vuelve difícil reconsiderar.

El capítulo 1 estableció por qué esto se desprende de la estructura de la tecnología y no de una aplicación particular. Un sistema que deriva sus parámetros de observaciones registradas solo puede proyectar las regularidades contenidas en esas observaciones. Ni la escala ni la inferencia extendida alteran este hecho: la primera amplía el depósito de precedentes y la segunda lo explora con mayor profundidad. La facultad de la que carecen los sistemas inductivos no es potencia computacional ni persistencia, sino la capacidad de reconocer una regularidad como injusta y rechazarla por esa razón, que es precisamente la facultad mediante la cual las instituciones se revisan a sí mismas.

El capítulo 2 aportó una corroboración inesperada. Los marcos de evaluación desarrollados para valorar estos sistemas —exactitud, precisión, exhaustividad y las métricas de equidad superpuestas a ellas— miden todos la fidelidad a un punto de referencia, y todo punto de referencia es un registro del pasado. Un sistema que reprodujera con perfecta fidelidad los arreglos históricos obtendría buenos resultados en todas las métricas actualmente utilizadas. Por tanto, los instrumentos construidos para detectar daño algorítmico son constitutivamente incapaces de detectar el efecto de conservación, porque la conservación aparece en ellos como éxito. Conviene decirlo sin rodeos: el aparato evaluativo del campo no solo guarda silencio sobre el problema aquí identificado, sino que lo oculta activamente.

El capítulo 3 explicó un fracaso que ha desconcertado durante una década a la literatura de economía laboral. Las proyecciones de empleo han sido sistemáticamente poco fiables: el 47 por ciento de Frey y Osborne, las estimaciones sustancialmente más bajas basadas en tareas que vinieron después y la brecha persistente entre el desplazamiento previsto y el observado. El diagnóstico convencional atribuye esto a una inmadurez metodológica. El diagnóstico propuesto aquí es distinto: las proyecciones fracasan porque extrapolan categorías ocupacionales mientras la tecnología, al mismo tiempo, fija esas categorías. Un pronóstico que trata su propia unidad de análisis como estable, cuando el despliegue estudiado es precisamente lo que la estabiliza, no puede tener éxito. La metodología no es demasiado rudimentaria. Está midiendo una variable que el fenómeno ha vuelto endógena.

El capítulo 4 mostró el mecanismo en tres sectores. La atención sanitaria, el transporte y la banca difieren en todos los aspectos relevantes —densidad regulatoria, intensidad de capital, tolerancia al error y grado de codificabilidad de su trabajo esencial—. En los tres, el ritmo y la forma de adopción estuvieron determinados no por la capacidad técnica, sino por los costos relativos, y en los tres esos costos relativos resultaron ser artefactos de arreglos institucionales y no hechos de ingeniería. El trabajo sigue siendo más barato que la automatización en los textiles, el reciclaje y la preparación de alimentos, y sigue siéndolo por aquello que se grava, aquello que se protege, aquello que se subsidia y por cómo se distribuye la responsabilidad jurídica. La tecnología no fijó estas condiciones. Las heredó, las codificó y ahora las propaga a una velocidad a la que dejan de ser examinadas.

El capítulo 5 registró lo ocurrido cuando una institución intentó intervenir. La Ley de Inteligencia Artificial de la Unión Europea es el instrumento regulatorio más ambicioso dirigido hasta ahora a estos sistemas, y su implementación se dividió siguiendo una línea que el argumento aquí presentado predice. Las obligaciones que podían satisfacerse mediante procedimientos —divulgación, etiquetado, notificación— entraron en vigor según lo previsto. Las obligaciones que exigían a una institución determinar si las regularidades codificadas por un sistema debían seguir rigiendo fueron aplazadas más de un año, a la espera de estándares que son, a su vez, intentos de convertir esa determinación en procedimiento. La divulgación compila. El juicio no.

6.2 Consecuencias para la gobernanza

SI EL DIAGNÓSTICO ES correcto, una parte sustancial del aparato de gobernanza construido durante la última década está dirigida al problema equivocado. Este no es un argumento contra la regulación y no debe confundirse con uno. Es un argumento según el cual los instrumentos actualmente privilegiados están calibrados para la disrupción cuando el modo de fallo es la fijación.

La distinción tiene consecuencias prácticas. Considérese qué se desprende de cada diagnóstico. Si la inteligencia artificial es disruptiva, los instrumentos adecuados son aquellos que ralentizan el despliegue y contienen el daño: moratorias, niveles de riesgo, evaluaciones de conformidad y declaraciones de impacto presentadas antes de que los sistemas entren en servicio. Cada uno de estos instrumentos funciona como un freno, y un freno es la respuesta correcta ante algo que avanza demasiado rápido en una dirección fija. Si la inteligencia artificial es conservadora en el sentido aquí defendido, los frenos son casi inútiles y pueden ser incluso peores que inútiles, porque el peligro no es la velocidad, sino la eliminación progresiva de la capacidad de cambiar el rumbo. Un sistema que ha ralentizado la codificación de arreglos históricos no ha adquirido por ello la capacidad de revisarlos.

Lo que este diagnóstico recomienda, en cambio, es una capacidad institucional de otro tipo, y expongo cuatro requisitos sin pretender que la lista sea exhaustiva.

El primero es la reconsideración periódica obligatoria, claramente diferenciada de la auditoría periódica. Una auditoría pregunta si un sistema funciona según lo especificado. La reconsideración pregunta si la especificación debe mantenerse: si las categorías sobre las que opera un sistema, los umbrales que aplica y los resultados que considera exitosos siguen siendo defendibles por razones independientes del hecho de que fueron adoptados anteriormente. Esta cuestión no puede resolverse mediante medición, porque es precisamente la pregunta cuya respuesta la medición presupone. Se requiere un órgano con autoridad para concluir que un sistema en funcionamiento debe modificarse o retirarse, y un calendario que obligue a ese órgano a alcanzar una conclusión.

Existe ahora evidencia directa de que el mecanismo descrito en este libro es medible, y la expongo aquí porque una tesis que genera una predicción susceptible de medición se encuentra en una posición distinta de otra que no lo hace.

En un estudio controlado de plantillas de instrucciones (Startari 2025f), examiné cómo el andamiaje textual fijo que gobierna el comportamiento de los modelos en contextos institucionales redistribuye los derechos de decisión en los resultados generados. El diseño utilizó un corpus sintético de mil instrucciones extraídas de cinco dominios institucionales, cada una ejecutada bajo cinco condiciones de plantilla, lo que produjo cinco mil textos generados. Se operacionalizaron siete indicadores para captar dónde reside la autoridad en un texto, en lugar de determinar si el texto es correcto:

la proporción entre decisiones delegadas y retenidas, el número de vías de veto disponibles, la fuerza del alcance predeterminado, la tasa de eliminación del agente, la profundidad del apilamiento deóntico, la presencia de cláusulas de escalamiento y la fricción asociada con anular una recomendación. La estimación utilizó modelos de efectos mixtos con comparación intrainstrucción; el veinte por ciento del corpus fue codificado doblemente y a ciegas para evaluar el acuerdo entre anotadores; se utilizaron ablaciones de plantillas, instrucciones adversariales y reformulaciones placebo para separar los efectos de autoridad de la variación estilística; y se controló la tasa de error familiar en los siete indicadores.

El hallazgo es que variaciones menores en las plantillas de instrucciones producen redistribuciones sistemáticas y medibles de autoridad en el texto institucional. Una plantilla que formula una recomendación como opción predeterminada en lugar de como alternativa, que omite una vía de escalamiento o que elimina al agente de una cláusula con consecuencias desplaza el lugar de la decisión sin modificar el contenido sustantivo del resultado y sin que ningún participante haya decidido que ese desplazamiento deba producirse.

La relevancia para el argumento presente es directa, aunque también limitada de una manera que conviene explicitar. El estudio establece que los arreglos que un sistema codifica pueden detectarse y cuantificarse en el nivel del texto, y que cambian ante intervenciones que nadie clasificaría como sustantivas. Este es el mecanismo de conservación operando en la escala observable más pequeña, y es aquí donde la tesis se vuelve por primera vez falsable en la práctica: si la variación de las plantillas no hubiera producido ninguna redistribución sistemática, la afirmación de que estos sistemas fijan arreglos institucionales mediante su funcionamiento ordinario habría perdido una parte importante de su respaldo. Lo que el estudio no establece es la proposición adicional de que esas redistribuciones persistan y se acumulen a lo largo del tiempo institucional, que es la afirmación formulada en el capítulo 6 y que requeriría observación longitudinal de sistemas desplegados en lugar de un corpus controlado. La medición demuestra el mecanismo; la afirmación histórica sigue siendo una inferencia derivada de él.

Esto no significa que no sea posible realizar mediciones adicionales, y la precisión importa porque un requisito que no admite instrumentación tiende a no implementarse. Lo que las métricas convencionales no pueden detectar, como se argumentó antes, es la conservación misma, ya que la fidelidad a un punto de referencia histórico se registra en ellas como éxito. Pero pueden construirse indicadores que midan otra cosa. En un trabajo sobre discurso de conflicto mediado por IA (Startari 2026c), he propuesto una tasa de preservación de la agencia, que mide no si una parte está representada, sino si conserva la posición gramatical de agente, examinando la posición del sujeto, la agencia verbal, la atribución pasiva, la eliminación del agente y la conversión de actores en objetos de riesgo. La construcción se generaliza más allá de ese dominio. Un indicador de este tipo no pregunta si un sistema es exacto; pregunta qué hace el resultado del sistema con el estatus de aquellos a quienes describe, lo que constituye una cuestión sobre el arreglo conservado y no sobre la correspondencia con un punto de referencia. Un enfoque complementario opera en el nivel de la cláusula, en lugar del actor. En un trabajo sobre la gobernanza de modelos fundacionales (Startari 2025g), he propuesto descomponer el texto institucional generado en un conjunto finito de tipos de cláusulas —compromisos, autorizaciones, restricciones, prescripciones, exenciones, aplazamientos—, cada uno correspondiente a un acto de gobernanza distinto, y medir la distribución resultante: qué proporción de los tipos de cláusula exigidos produce efectivamente un sistema y si aparecen tipos prohibidos en contextos donde no están permitidos. La ventaja de esta construcción para el argumento desarrollado aquí es que no requiere acceso a los pesos del modelo ni a los datos de entrenamiento.

Opera sobre la estructura superficial del resultado, lo que significa que puede ser aplicada por un regulador, un auditor o una institución afectada y no únicamente por la parte que construyó el sistema, una consideración relevante dado que la entidad mejor situada para detectar la conservación rara vez es la entidad interesada en detectarla.

Instrumentos de este tipo son los que la reconsideración periódica necesitaría para convertirse en una obligación susceptible de auditoría y no en una aspiración. La tarea de investigación abordable que se desprende del argumento presente consiste menos en inventarlos —algo ya realizado en gran medida— que en institucionalizarlos.

El segundo requisito es preservar la memoria institucional de las alternativas. Una vez que un sistema predictivo se integra en un proceso de decisión, los arreglos que desplazó dejan de practicarse y, tras una generación de relevo profesional, dejan de conocerse. La capacidad de revisar depende de que exista algo hacia lo cual revisar; una institución que ha olvidado cómo se tomaba una decisión antes de la automatización no puede evaluar la automatización comparándola con nada que no sea ella misma. Se trata de una obligación archivística y pedagógica, poco vistosa pero, aun así, estructuralmente indispensable.

El tercero es proteger la autoridad para anular, entendida como una garantía estructural y no meramente formal. La mayoría de los despliegues preservan nominalmente la posibilidad de intervención humana. En la práctica, esa facultad se ejerce rara vez y con un costo profesional: exige que la persona acepte responsabilidad personal por apartarse de una determinación validada por la institución, y la estructura de incentivos favorece sistemáticamente la deferencia. Un derecho a anular cuyo ejercicio resulta costoso no es una salvaguarda, sino una formalidad. Hacerlo real exige que apartarse de una recomendación algorítmica sea tratado como un ejercicio ordinario de juicio profesional y no como una excepción que requiere justificación; es decir, exige invertir la presunción instalada por la práctica actual.

El cuarto requisito se desprende del capítulo 4 y es el más exigente. Si los costos relativos son artefactos institucionales, constituyen objetos legítimos de política deliberada y no parámetros que deban aceptarse. La cuestión de si el trabajo o el capital resulta más barato en un sector determinado no la responde el estado del arte; la responden la tributación, la distribución de responsabilidades, la protección social y los términos del derecho laboral. Tratar estos factores como fijos mientras se considera inevitable la automatización invierte el verdadero orden de determinación. Los arreglos son la variable. La tecnología se adapta a ellos.

6.3 Los límites del argumento

UN ARGUMENTO QUE NO puede establecer qué lo refutaría no es un argumento. Por ello expongo a continuación qué refutaría este.

La tesis fracasa si se demuestra que los sistemas generativos originan categorías genuinamente ausentes de sus distribuciones de entrenamiento: no recombinaciones novedosas de elementos aprendidos, que abundan y no son objeto de discusión, sino estructuras conceptuales que no puedan reconstruirse como recombinación. No considero que la evidencia actual demuestre esto, y en el capítulo 1 he expuesto por qué la inferencia extendida tampoco lo proporciona. Pero la cuestión es empírica y la evidencia se acumula; una demostración del tipo requerido exigiría abandonar la afirmación central, no simplemente matizarla.

La tesis es ahora también comprobable en un sentido más estrecho e inmediato, lo que constituye un desarrollo reciente y una mejora de su posición. Si los indicadores descritos en la sección anterior se aplicaran a variantes de plantillas, familias de modelos y dominios institucionales y no mostraran ninguna redistribución sistemática de autoridad —si el lugar de la decisión en el texto generado resultara invariable respecto del andamiaje que lo produce—, entonces la afirmación de que estos sistemas fijan arreglos mediante su funcionamiento ordinario quedaría sustancialmente socavada en su fundamento. La evidencia controlada disponible indica lo contrario, pero se trata de un único estudio realizado sobre un corpus sintético, y la respuesta adecuada a un estudio aislado es la replicación, no la confianza. Los instrumentos y el corpus anotado se han publicado con ese propósito.

La tesis se debilita sustancialmente si las instituciones demuestran mayor capacidad de reconsideración periódica de la que hasta ahora sugiere el registro. La fuerza del argumento depende de una asimetría entre la velocidad de codificación y la velocidad de revisión. Si las disposiciones aplazadas de la Ley de Inteligencia Artificial entraran en vigor en 2027 y 2028 y demostraran ser eficaces en la práctica —si las instituciones demostraran que pueden y están dispuestas a dejar sin efecto sistemas en funcionamiento por razones normativas—, entonces el cierre que describo sería una dificultad transitoria y no una condición estructural, y la respuesta adecuada sería la paciencia en lugar del rediseño. Acogería favorablemente ese resultado y no lo espero.

La tesis es más estrecha que otros argumentos próximos con los que podría confundirse, y quiero distinguirla de ellos. No afirma que estos sistemas sean ineficaces; con frecuencia son eficaces, y el argumento se refiere a en qué consiste esa eficacia. No afirma que la automatización reduzca el empleo; esa cuestión se aborda en el capítulo 3 y la respuesta allí ofrecida es que la evidencia es mixta y los pronósticos poco fiables. No afirma que la cognición humana esté exenta de descripción computacional, una posición metafísica de la que nada aquí depende. Tampoco afirma que el sesgo algorítmico sea el problema central, aunque el sesgo constituye un síntoma visible de la conservación identificada por la tesis. El argumento es más estrecho que cualquiera de estos: que los sistemas inductivos solo pueden conservar, que conservan con mayor rapidez de la que las instituciones revisan y que el cierre resultante ha estado en gran medida ausente de una literatura preocupada por la disrupción.

6.4 Reformulación de la pregunta

LA SEGUNDA EDICIÓN de este libro preguntaba cómo podríamos garantizar que la inteligencia artificial sirviera al ser humano, en lugar de remodelar al ser humano para ponerlo al servicio de la máquina. La pregunta era demasiado generosa consigo misma, de una manera que entonces no advertí. Suponía un sujeto estable —un «nosotros» con propósitos definidos— capaz de orientar la tecnología hacia sus fines. Pero la capacidad de albergar propósitos que se aparten del arreglo heredado es precisamente la capacidad que erosiona el despliegue aquí descrito. Una sociedad que haya delegado sus juicios de gran trascendencia a sistemas estructuralmente incapaces de apartarse del precedente no lo experimentará como coerción. Lo experimentará como la ausencia de cualquier alternativa digna de consideración, una condición mucho más duradera que la coerción y que no requiere que nadie la imponga.

La pregunta que la sustituye es más estrecha y más difícil de eludir. No qué hará la inteligencia artificial con el trabajo, ni cuántos empleos permanecerán, ni si los sistemas pueden volverse transparentes. La pregunta es si las instituciones que hoy despliegan estas tecnologías conservarán la capacidad de concluir que alguna parte de lo que han heredado debería ser de otro modo, y de actuar conforme a esa conclusión contra el peso de un sistema que ya ha resuelto la cuestión, correctamente, a partir de la evidencia del pasado.

Esa capacidad no es una propiedad técnica. Ninguna arquitectura la proporciona y ninguna métrica detecta su ausencia. Es una propiedad de las instituciones, sostenida mediante un diseño deliberado o perdida por inercia, y según la evidencia actual se está perdiendo por inercia. Que esto continúe o no no es una predicción que el argumento de este libro esté capacitado para realizar. Es una decisión, y ese es precisamente el punto.

CONCLUSIÓN: LA INTELIGENCIA ARTIFICIAL Y EL FUTURO DEL TRABAJO CENTRADO EN EL SER HUMANO

En los últimos años, la inteligencia artificial se ha convertido en objeto de un intenso debate científico, político y público, principalmente debido al amplio alcance de sus implicaciones económicas y sociales. El eje central de estos debates gira en torno a preguntas que siguen siendo tan fundamentales como irresueltas: ¿hasta qué punto pueden las máquinas sustituir el trabajo humano? ¿Cuántos empleos se crearán y destruirán? ¿Cómo se transformarán las ocupaciones, las competencias y las condiciones de trabajo mediante el despliegue de la inteligencia artificial en distintos sectores?

Las previsiones disponibles —sean optimistas o alarmistas— no han logrado hasta ahora ofrecer respuestas fiables a estas preocupaciones legítimas. Por un lado, el optimismo excesivo tiende a generar expectativas poco realistas sobre las capacidades técnicas de la IA, su contribución al crecimiento de la productividad y su supuesto potencial para mejorar las condiciones laborales o fomentar una colaboración armoniosa entre seres humanos y máquinas. Por otro lado, las estimaciones más pesimistas promueven un discurso de disrupción inevitable, proyectando con frecuencia escenarios de destrucción masiva de empleo, erosión de la autonomía de los trabajadores y deshumanización progresiva del trabajo.

Ambos discursos adolecen de reduccionismo y ofrecen un valor heurístico limitado. Las perspectivas excesivamente optimistas corren el riesgo de ocultar las condiciones institucionales y materiales necesarias para que la IA siga siendo una herramienta al servicio del florecimiento humano. A la inversa, el pesimismo excesivo puede conducir a una postura defensiva, llevando a la sociedad a renunciar a los beneficios de la innovación tecnológica y a adoptar una posición pasiva que desatienda la urgente tarea de preparar a trabajadores e instituciones para los cambios venideros. Estos dos extremos terminan obstaculizando la formulación de vías proactivas, inclusivas y bien gobernadas para la integración de la IA.

En este contexto, es esencial promover un enfoque realista y pragmático que permita enmarcar el desarrollo de la inteligencia artificial como un medio para mejorar el bienestar individual y colectivo. Los estudios de caso sectoriales presentados en este volumen demuestran que la IA introduce tanto riesgos —como la delegación del conocimiento en sistemas opacos y el deterioro de las condiciones de trabajo en nombre de la eficiencia— como oportunidades, entre ellas el enriquecimiento de las tareas, la valorización de las competencias humanas y el potencial empoderamiento de los trabajadores mediante nuevos paradigmas organizacionales.

Lo que emerge, por tanto, es un panorama paradójico en el que coexisten riesgo y valor. La conclusión central es que los efectos de la inteligencia artificial sobre el empleo y el trabajo no están determinados por la tecnología en sí misma, sino por los marcos que las sociedades humanas establezcan para su diseño, despliegue y regulación. La historia del cambio tecnológico confirma que sus consecuencias no son automáticas ni lineales, sino contingentes respecto de decisiones institucionales, normas culturales, dinámicas de poder y estructuras de gobernanza.

La cuestión no es si la IA transformará el trabajo —esa transformación ya está en marcha—, sino cómo, bajo qué condiciones y con qué fines. El desafío es, por tanto, menos tecnológico que profundamente antropológico, ético y político. Debemos preguntarnos qué tipo de trabajo y de sociedad aspiramos a construir y qué papel deseamos reservar a la inteligencia, la empatía y el juicio humanos. La inteligencia artificial nos obliga a reflexionar sobre estas cuestiones fundamentales, y su evolución estará determinada por las respuestas que demos a ellas.

Esto implica también articular una visión de complementariedad entre la IA y las capacidades humanas, en lugar de una visión de sustitución. Aunque los sistemas de IA puedan ser impredecibles y capaces de innovación disruptiva, su integración en la sociedad debe evaluarse no solo mediante parámetros técnicos, sino dentro de un marco normativo y ético. Ese marco ya existe en el nivel macropolítico y está consagrado en documentos como la Carta de las Naciones Unidas y la Declaración Universal de los Derechos Humanos, que pueden servir de fundamento para orientar el desarrollo tecnológico de maneras que respeten la dignidad, la autonomía y la igualdad humanas.

En última instancia, la trayectoria que seguirá la inteligencia artificial no es una inevitabilidad. Es el resultado de decisiones colectivas. Tecnólogos, analistas y trabajadores actuarán dentro de los parámetros que la sociedad decida definir. Sus experiencias pueden quedar determinadas por la precarización y la subordinación algorítmica, o por relaciones laborales dignas, significativas y estables, según la dirección fijada por la política pública, el diseño institucional y los valores cívicos.

La posibilidad de que la inteligencia artificial llegue a sustituir una parte muy amplia del trabajo humano ya no se limita a la ficción especulativa. Los avances alcanzados en los últimos años demuestran que la IA es capaz no solo de ejecutar operaciones rutinarias y repetitivas con una velocidad y precisión incomparables, sino también de realizar tareas tradicionalmente asociadas con un alto valor cognitivo y con la pericia profesional. Ámbitos que antes se consideraban aislados de la automatización —como la medicina, el derecho, la ingeniería e incluso la creación artística— se ven hoy directamente afectados por sistemas capaces de diagnosticar enfermedades, redactar contratos, diseñar infraestructuras, componer música y generar imágenes. Esta evolución plantea una serie de dilemas sociales, económicos y éticos sin precedentes.

En un escenario de este tipo, una dependencia excesiva de la IA podría generar desigualdad estructural. La propiedad de los datos, la infraestructura computacional y el diseño algorítmico se concentra cada vez más en un pequeño número de actores globales, principalmente grandes corporaciones multinacionales y Estados tecnológicamente avanzados. Estos actores poseen la capacidad de diseñar, entrenar y comercializar sistemas de IA, situándose como guardianes del acceso al empleo, la información y los servicios sociales. Mientras tanto, amplios segmentos de la población corren el riesgo de ser desplazados o excluidos de la actividad productiva, agravando aún más la brecha entre quienes controlan la tecnología y quienes están sujetos a ella.

El peligro no se limita a la privación material. Una sociedad en la que la toma de decisiones se delega cada vez más en algoritmos opacos también puede experimentar una erosión progresiva de la autonomía cívica y del juicio crítico. A medida que las personas se acostumbren a depender de sistemas inteligentes para tomar decisiones sobre consumo, movilidad, comunicación o incluso política, existe el riesgo de externalizar la responsabilidad y debilitar la deliberación pública. Esta pérdida de agencia podría fomentar la pasividad, desalentar la participación y, en última instancia, erosionar los fundamentos de la vida democrática. El problema no es meramente técnico, sino ontológico: el riesgo es que dejemos de actuar como sujetos autónomos y nos convirtamos en meros usuarios o espectadores dentro de un sistema impulsado por una lógica maquínica.

A largo plazo, la sustitución masiva del trabajo humano por IA podría desencadenar una profunda crisis existencial. El trabajo ha constituido históricamente una dimensión central de la identidad humana, la pertenencia social y el propósito personal. Si la IA vuelve obsoleto el trabajo humano, puede alterar las propias condiciones que dan sentido y estructura a la vida individual y comunitaria. La alienación resultante podría provocar malestar psicológico, pérdida de autoestima y una sensación generalizada de inutilidad, especialmente en poblaciones para las cuales el trabajo representa el principal vector de integración social.

El caso hipotético de una familia de bajos ingresos cuya supervivencia económica depende del trabajo de la madre como taxista o conductora de camión ilustra las consecuencias concretas de ese desplazamiento. La automatización de la conducción elimina su ocupación, reduciendo drásticamente los ingresos familiares y la capacidad de cubrir necesidades básicas. Disminuyen las oportunidades educativas de sus hijos, la movilidad social se vuelve inaccesible y se profundiza una espiral de pobreza. Más allá de la privación material, la identidad de la madre y su sentido de dignidad se ven directamente afectados. En un mercado laboral dominado por la IA, donde las alternativas de empleo son escasas o inexistentes, la reintegración se convierte en una perspectiva cada vez menos plausible. La familia en su conjunto queda sumida en la vulnerabilidad social, y la brecha entre ganadores y perdedores de la transición hacia la IA se convierte en terreno fértil para la frustración, el conflicto y la inestabilidad.

La aparición y expansión de la inteligencia artificial en los sistemas laborales introduce no solo disrupciones económicas y funcionales, sino también profundas transformaciones en el significado, la experiencia y el control del trabajo. En determinados sectores, la IA refuerza tareas altamente fragmentadas y repetitivas, reavivando el riesgo de alienación que había sido mitigado parcialmente por reformas laborales anteriores. Esto resulta especialmente visible en entornos logísticos y de almacenes, donde la automatización ha reorganizado las tareas en secuencias mecanizadas, reduciendo a los trabajadores a apéndices funcionales dentro de sistemas controlados algorítmicamente.

Los estudios de caso realizados en grandes centros de distribución muestran cómo los procesos guiados por IA, como la clasificación automatizada y la paletización robótica, han reducido la actividad humana a un conjunto de gestos predefinidos. En estos contextos, los trabajadores informan sensaciones de despersonalización y pérdida de agencia, pues dejan de ser operadores autónomos para convertirse en agentes reactivos subordinados a flujos dirigidos por máquinas. Este fenómeno se ha visto agravado por plataformas digitales como Amazon Mechanical Turk, donde el trabajo humano se modulariza en microtareas y se gestiona a distancia mediante coordinación algorítmica. Aquí, el parecido con el modelo taylorista de trabajo fragmentado es evidente, aunque intensificado por la dimensión virtual y en tiempo real del control. Además, la integración de la IA en el lugar de trabajo incrementa el potencial de vigilancia y de regímenes disciplinarios basados en datos. Aunque la vigilancia laboral no es un fenómeno nuevo, el volumen, la granularidad y el alcance conductual de los datos recopilados por los sistemas de IA superan ampliamente las modalidades anteriores. Incluso los llamados robots colaborativos, diseñados para ayudar a los trabajadores, generan enormes cantidades de información sobre ritmos de trabajo, productividad, intervalos de descanso, interacciones interpersonales e incluso estados emocionales inferidos. Dependiendo de la cultura organizacional y de la filosofía de gestión, estos flujos de datos pueden utilizarse para optimizar la productividad o para intensificar la supervisión y la presión por el rendimiento. Estas prácticas pueden fomentar estrés, ansiedad y fatiga psicosocial, contribuyendo a un entorno laboral marcado por la desconfianza y la instrumentalización.

Esta dinámica remite a debates anteriores sobre la descualificación tecnológica: la fragmentación deliberada de las tareas para reducir la autonomía de los trabajadores y reforzar el control gerencial. La introducción de máquinas de control numérico en el siglo XX, que separó el diseño de la ejecución, fue un ejemplo de esa estrategia. Hoy, la inteligencia artificial reactiva esta preocupación a una escala más amplia, planteando riesgos no solo para los trabajadores manuales, sino también para profesionales altamente cualificados. En un contexto en el que los algoritmos realizan tareas cada vez más complejas, la pericia humana corre el riesgo de quedar marginada, generando desvinculación, resistencia a la innovación y deterioro de las prácticas cooperativas. En el núcleo de esta cuestión se encuentra un desafío más fundamental: la asimetría epistemológica entre los sistemas algorítmicos y los usuarios humanos. Los modelos de IA operan mediante la extracción de patrones estadísticos a partir de datos históricos, un proceso que tiende a reproducir regularidades pasadas e inhibir la ruptura creativa. La innovación, en cambio, exige la capacidad de quebrar reglas, imaginar futuros alternativos y desafiar supuestos heredados. Los seres humanos deben, por tanto, conservar la responsabilidad crítica de contextualizar, cuestionar y, en ocasiones, rechazar las recomendaciones de la IA. Esto exige que los sistemas algorítmicos sean transparentes y auditables, de modo que los usuarios puedan rastrear la lógica, los parámetros y los conjuntos de datos que sustentan las decisiones de las máquinas.

La transferencia excesiva de la toma de decisiones a las máquinas puede erosionar esta responsabilidad. Cuando los trabajadores comienzan a asumir que los algoritmos son infalibles o no negociables, el resultado es una pérdida de rendición de cuentas y de iniciativa interpretativa. La erosión no es meramente una cuestión de disposición, como si los trabajadores se volvieran crédulos o dejaran de sentir curiosidad ante resultados que aparentan autoridad. Existe una dimensión estructural: un sistema que produce una determinación sin producir los fundamentos sobre los cuales esa determinación podría ser impugnada no deja nada sobre lo que pueda actuar la iniciativa interpretativa, y la huella que permitiría una evaluación ética no está oculta, sino ausente (Startari 2025e). La deferencia, en estas condiciones, es menos una falla del carácter profesional que la única respuesta disponible ante un resultado con el que no se puede discutir. Esto importa para el remedio. Si el problema fuera de disposición, una formación orientada al escrutinio crítico lo resolvería. Si el problema es que el objeto del escrutinio carece de una estructura impugnable, el remedio debe buscarse en la forma en que se construyen los sistemas y en cómo las instituciones que los utilizan distribuyen la autoridad para anularlos. Esta tendencia es especialmente aguda entre profesionales altamente cualificados, que pueden sentirse desplazados o privados de poder por sistemas algorítmicos que parecen operar con mayor velocidad, alcance y precisión. Las culturas organizacionales que refuerzan esta asimetría corren el riesgo de fomentar oposición, fatiga organizacional y un colapso de la moral profesional. Para abordar estos desafíos, las instituciones deben priorizar el desarrollo de sistemas híbridos de apoyo a la decisión en los que la pericia de la IA se integre con el conocimiento específico del dominio que poseen los trabajadores. El codiseño, la modelización participativa y la adaptación de interfaces son esenciales para garantizar que las herramientas de IA se ajusten a las necesidades, restricciones y marcos de juicio de sus usuarios. Esta integración no solo mejora la validez de los resultados, sino que también promueve la aceptación por parte de los usuarios, reduce riesgos sistémicos y refuerza la legitimidad del despliegue de IA en entornos sensibles.

Este imperativo se extiende a los sistemas de educación y formación, tanto inicial como continua. Aprender a interactuar con sistemas inteligentes requiere más que competencia técnica. Exige cultivar el pensamiento crítico, el razonamiento sistémico, la creatividad, la reflexividad y las capacidades de resolución colectiva de problemas. Las personas deben estar preparadas para discernir fenómenos interdependientes, evaluar los límites del razonamiento algorítmico y formular soluciones operativas que sean éticamente sólidas y socialmente responsables. En este sentido, la formación para la era de la IA debe ir más allá del uso de herramientas y fomentar un nuevo humanismo de la competencia, en el que converjan conocimiento, ética y autonomía.

Las profundas transformaciones impulsadas por la inteligencia artificial exigen una redefinición de los sistemas de educación y formación a una escala sin precedentes. A diferencia de las revoluciones industriales anteriores —en las que la adaptación tecnológica seguía curvas de aprendizaje relativamente lineales—, la IA evoluciona mediante retroalimentación recursiva, volviendo obsoletas no solo competencias específicas, sino paradigmas profesionales completos. A medida que la IA asume un número creciente de tareas cognitivas y operativas, se acorta la vida útil de las competencias y el imperativo del aprendizaje continuo se vuelve universal.

En este contexto, las estrategias de recualificación y perfeccionamiento de competencias no son meramente imperativos económicos; son compromisos éticos y políticos con la inclusión, la agencia y la dignidad humana. El apoyo a los trabajadores expuestos a la automatización debe incluir trayectorias profesionales claras, mecanismos de movilidad entre sectores y programas de formación coherentes con la evolución dinámica del conocimiento. Estos programas deben trascender la instrucción formal e incluir aprendizaje experiencial, con énfasis en el ensayo y error, la resolución de problemas, la creatividad y la gestión de riesgos. El objetivo no es solo transferir competencia técnica, sino cultivar la capacidad de aprender a aprender, al tiempo que se refuerzan la responsabilidad individual y el discernimiento ético en la toma de decisiones.

Sin embargo, la política pública por sí sola es insuficiente. Las dinámicas internas de las organizaciones —su cultura de gestión, estructura de tareas y modalidades de aprendizaje— son igualmente decisivas para determinar cómo la IA transforma el trabajo. Entre los modelos organizacionales existentes, la organización que aprende destaca como el marco más prometedor para fomentar una complementariedad inteligente entre seres humanos y máquinas.

Definida por su capacidad de adaptarse continuamente mediante procesos compartidos de aprendizaje, la organización que aprende promueve la autonomía, la colaboración interdisciplinaria y el pensamiento sistémico. En estas organizaciones, los errores no se penalizan, sino que se reinterpretan como oportunidades de innovación, reflexión y crecimiento cognitivo. Al fomentar el intercambio interdisciplinario de conocimiento, la organización que aprende prepara a sus miembros no solo para realizar sus tareas, sino también para comprender cómo esas tareas se relacionan con desafíos sistémicos más amplios. Esta perspectiva holística mejora la resolución de problemas, el juicio crítico y la capacidad de adaptación, atributos que los sistemas de IA, pese a su potencia computacional, no pueden reproducir. Desde este punto de vista, el lugar de trabajo se convierte no en un espacio de rutinización, sino de inteligencia colectiva. Es dentro de estas configuraciones donde la gobernanza ética y estratégica de la IA puede realizarse con mayor eficacia.

Esta transformación, sin embargo, debe estar respaldada por marcos institucionales de nivel macro. Los gobiernos y las organizaciones internacionales no solo deben financiar programas de formación, sino también facilitar el cambio organizacional y el aprendizaje en el lugar de trabajo como pilares críticos de la transición hacia la IA. Esto se vuelve especialmente urgente frente a desafíos globales simultáneos —inestabilidad geopolítica, estancamiento económico y crisis climáticas— que se intersectan con los efectos disruptivos de la automatización digital y los amplifican. Las organizaciones del futuro deberán ser resilientes no solo frente al cambio tecnológico, sino también frente a la propia complejidad estructural.

Los estudios prospectivos sugieren que la capacidad de gestionar la complejidad será un factor decisivo para la supervivencia y la innovación organizacionales hacia 2030. Sin embargo, sigue siendo incierto si la IA mitigará o agravará esa complejidad. Lo que sí está claro es que las sociedades deben prepararse no solo para absorber el cambio, sino para orientarlo hacia objetivos definidos colectivamente. Fortalecer la investigación aplicada sobre los efectos reales de la IA en el trabajo constituye, por tanto, una prioridad máxima. Las metodologías actuales siguen siendo inadecuadas, y los análisis basados en microdatos —aunque prometedores— están limitados por su disponibilidad y alcance. Las futuras encuestas deben enriquecerse con datos sobre dinámicas organizacionales internas, costos de implementación, procesos de toma de decisiones y experiencias vividas de los empleados. Solo con este nivel de granularidad podremos evaluar si el despliegue de la IA respeta principios éticos y contribuye al desarrollo sostenible.

Los estudios de caso a nivel sectorial deben integrarse en esta agenda de investigación. Estos estudios pueden explorar cuestiones clave: hasta qué punto se hace operativa la transparencia en los sistemas de IA; cómo se recopilan, etiquetan y utilizan los datos de los trabajadores; si los usuarios humanos cuestionan y perfeccionan los resultados algorítmicos; y cómo las interfaces entre seres humanos y algoritmos afectan las capacidades cognitivas y emocionales. Estas investigaciones también deben tener en cuenta las variaciones sectoriales, las desigualdades socioprofesionales y los distintos impactos de la IA según la situación ocupacional y la configuración de las tareas.

Subyacente a todas estas reflexiones se encuentra una cuestión fundamental de economía política: la relación entre los costos del capital y los costos del trabajo. La mera existencia de una solución tecnológica no garantiza su adopción. En muchos sectores —como el textil, el reciclaje o la preparación de comida rápida—, el trabajo sigue siendo más barato que la automatización. El costo relativo del capital frente al trabajo no está determinado por la tecnología, sino por las instituciones, la regulación, la tributación y los sistemas de protección social. Estos mecanismos definen los contornos del despliegue de la IA. Determinan si la IA se convierte en una fuerza de equidad y cohesión o en un acelerador de la desigualdad y la precariedad.

Por tanto, la cuestión central no es cuántos empleos podría eliminar la IA, sino qué tipo de sociedad deseamos construir. Nuestra relación con la tecnología será un reflejo de nuestros valores colectivos y de nuestros compromisos normativos. El futuro del trabajo no estará determinado por algoritmos, sino por los marcos que decidamos establecer —éticos, institucionales y cívicos—, a través de los cuales la innovación pueda orientarse hacia el florecimiento humano, la renovación democrática y la prosperidad compartida.

BIBLIOGRAFÍA

Nota sobre las obras citadas del propio autor. Este volumen recurre en varios pasajes a una línea de investigación paralela desarrollada por el autor bajo los títulos de las series Grammars of Power, Executable Legitimacy y AI Syntactic Power and Legitimacy. Esos trabajos abordan las cuestiones tratadas aquí mediante el análisis de la sintaxis, la atribución y la legitimidad, en lugar de hacerlo desde la epistemología, y se citan allí donde sus conclusiones inciden en el argumento presente o donde desarrollan un mecanismo con mayor extensión de la que permite este volumen. Varios de ellos están depositados en archivos abiertos (Zenodo, Figshare) con DOI asignados, pero aún no han recibido identificadores de SSRN ni han completado la revisión por pares; esto se indica en cada entrada. El lector deberá ponderarlos en consecuencia. Se citan como líneas de investigación convergentes, no como corroboración externa, y el argumento de este libro no depende de ninguno de ellos: la afirmación epistemológica formulada en el capítulo 1 se sostiene o cae por sus propios términos y por la evidencia empírica y regulatoria independiente reunida en los capítulos 3 a 5.

Acemoglu, D., & Restrepo, P. (2020). Robots and jobs: Evidence from US labor markets. Journal of Political Economy, 128(6), 2188-2244.

Agrawal, A., Gans, J., & Goldfarb, A. (2019). The Economics of Artificial Intelligence: An Agenda. University of Chicago Press.

Autor, D., & Handel, M. (2013). Putting tasks to the test: Human capital, job tasks, and wages. Journal of Labor Economics, 31(S1), S59–S96.

Autor, D., Mindell, D., & Reynolds, E. (2021). The Work of the Future: Building Better Jobs in an Age of Intelligent Machines. MIT Task Force on the Work of the Future.

Angwin, J., Larson, J., Mattu, S., & Kirchner, L. (2016). Machine bias: There's software used across the country to predict future criminals. And it's biased against blacks. ProPublica, May 23, 2016.

Barocas, S., Hardt, M., & Narayanan, A. (2019). Fairness and Machine Learning. fairmlbook.org.

Benhamou, F. (2018). La déqualification par les technologies numériques. In F. Vatin, L. Merzeau, & J. Bonaccorsi (Eds.), Travail et Numérique: Questions de sociologie (pp. 21-33). Presses des Mines.

Benhamou, S., & Lorenz, E. (2020). Organizational issues in training and job quality. Trabajo y Sociedad, (34), 313-334.

Arntz, M., Gregory, T., & Zierahn, U. (2016). The Risk of Automation for Jobs in OECD Countries: A Comparative Analysis. OECD Social, Employment and Migration Working Papers, No. 189. Paris: OECD Publishing.

Besold, T. R., d'Avila Garcez, A., Bader, S., Bowman, H., Domingos, P., Hitzler, P., et al. (2017). Neural-symbolic learning and reasoning: A survey and interpretation. arXiv:1711.03902.

Bessen, J. (2019). AI and Jobs: The Role of Demand. NBER Working Paper No. 24235. Cambridge, MA: National Bureau of Economic Research.

Boddington, P. (2017). Towards a Code of Ethics for Artificial Intelligence. Cham: Springer.

Bohbot, V. D., Lerch, J., Thorndycraft, B., Iaria, G., & Zijdenbos, A. P. (2017). Gray matter differences correlate with spontaneous strategies in a human virtual navigation task. The Journal of Neuroscience, 37(13), 3470-3484.

Brundage, M., Avin, S., Wang, J., Belfield, H., Krueger, G., Hadfield, G., et al. (2020). Toward trustworthy AI development: Mechanisms for supporting verifiable claims. arXiv:2004.07213.

Bostrom, N. (2017). Superintelligence: Paths, dangers, strategies. Oxford University Press.

Braverman, H. (1987). Labor and Monopoly Capital: The Degradation of Work in the Twentieth Century. Monthly Review Press.

Brynjolfsson, E., & McAfee, A. (2014). The second machine age: Work, progress, and prosperity in a time of brilliant technologies. WW Norton & Company.

Brynjolfsson, E., & Mitchell, T. (2017). What can machine learning do? Workforce implications. Science, 358(6370), 1530-1534.

Brynjolfsson, E., Mitchell, T., & Rock, D. (2018). What Can Machines Learn, and What Does It Mean for

Occupations and the Economy? AEA Papers and Proceedings, 108, 43–47.

Chen, C., Li, Y., & Wang, S. (2016). A deep learning model for fraud detection in credit card transactions. IEEE Transactions on Neural Networks and Learning Systems, 27(8), 1872–1881.

Chen, H., Li, Y., Li, W., & Liu, T. (2016). Credit card fraud detection using deep learning based on convolutional neural networks. Journal of Intelligent & Fuzzy Systems, 31(1), 105-113.

Chollet, F. (2018). Deep Learning with Python. Manning Publications.

Crawford, K., & Calo, R. (2016). There is a blind spot in AI research. Nature, 538(7625), 311–313. https://doi.org/10.1038/538311a

Crosby, M., et al. (2017). Deep learning for financial time series prediction: Models and applications. Journal of Finance and Data Science, 3(2), 85–98.

Jiang, Z., Xu, D., & Liang, J. (2017). A deep reinforcement learning framework for the financial portfolio management problem. arXiv:1706.10059. https://doi.org/10.48550/arXiv.1706.10059

Davies, A. (2017). Autonomous vehicles and the future of urban tourism. Journal of Tourism Futures, 3(2), 133-137.

Demange, M., et al. (2019). Robotic mediation for the well-being of hospitalized elders with cognitive disorders.

International Journal of Medical Informatics, 131, 103956. https://doi.org/10.1016/j.ijmedinf.2019.103956.

Chui, M., Manyika, J., & Miremadi, M. (2018). Notes from the AI Frontier: Insights from Hundreds of Use Cases. McKinsey Global Institute.

De Stefano, V., & Wouters, M. (2020). AI and digital tools in workplace management and evaluation: An assessment of the EU's legal framework. European Parliamentary Research Service, STOA.

Domingos, P. (2018). The master algorithm: How the quest for the ultimate learning machine will remake our world. Basic Books.

Eubanks, V. (2018). Automating Inequality: How High-Tech Tools Profile, Police, and Punish the Poor. New York: St. Martin's Press.

Doshi-Velez, F., & Kim, B. (2017). Towards a rigorous science of interpretable machine learning. arXiv preprint arXiv:1702.08608.

Esteva, A., et al. (2017). Dermatologist-level classification of skin cancer with deep neural networks. Nature, 542(7639), 115–118. https://doi.org/10.1038/nature21056

Eurogip. (2017). Collaborative robots: Issues and recommendations for prevention. https://www.eurogip.fr/publications/les-robots-collaboratifs-enjeux-et-recommandations-en-matiere-de-prevention/

Floridi, L., et al. (2018). AI4People—an ethical framework for a good AI society: Opportunities, risks, principles, and recommendations. Minds and Machines, 28(4), 689-707.

Eurofound. (2018). Automation, Digitisation and Platforms: Implications for Work and Employment. Luxembourg: Publications Office of the European Union.

Frey, C. B., & Osborne, M. A. (2017). The future of employment: How susceptible are jobs to computerisation? Technological Forecasting and Social Change, 114, 254-280.

International Labour Organization. (2023). World Employment and Social Outlook 2023. Geneva: ILO.

OECD. (2017). Tackling Wasteful Spending on Health. Paris: OECD Publishing.

OECD. (2024). OECD Employment Outlook 2024. Paris: OECD Publishing.

UNESCO. (2021). Recommendation on the Ethics of Artificial Intelligence. Paris: UNESCO.

World Economic Forum. (2020). The Future of Jobs Report 2020. Geneva: World Economic Forum.

Gautié, J., Jaehrling, K., & Pérez, Y. (2020). Technological change, new division of labour and job quality: Insights from French and German logistics warehouses. Transfer, 26(4), 417-433.

Golinelli, R., Rovelli, R., & Russo, A. (2020). The Impact of Artificial Intelligence on Employment in Europe. Social Indicators Research, 151(2), 435-456.

Goodfellow, I., Bengio, Y., & Courville, A. (2016). Deep Learning. MIT Press.

Gruson, D. (2019). Impact of Artificial Intelligence on Employment and Professions in the Health Sector. OECD Health Working Papers, No. 116. https://doi.org/10.1787/5e8481b1-en

Holm, J. R., & Lorenz, E. (2022). Task automation assessments and employment: A critical review. Research Policy, 51(1), 104394.

International Transport Forum (ITF). (2019). Managing the Transition to Driverless Urban Transport.

Jia, Y. (2019). The cost of deep learning: Financial and environmental impact. Journal of Computing Resources, 14(2), 45–61.

Katz, Y. (2020). Artificial Whiteness: Politics and Ideology in Artificial Intelligence. New York: Columbia University Press.

Jobin, A., Ienca, M., & Vayena, E. (2019). The global landscape of AI ethics guidelines. Nature Machine Intelligence, 1(9), 389–399. https://doi.org/10.1038/s42256-019-0088-2

Jordan, M. I., & Mitchell, T. M. (2015). Machine learning: Trends, perspectives, and prospects. Science, 349(6245), 255–260. https://doi.org/10.1126/science.aaa8415

Krafcik, J. (2021). Autonomous Vehicle Update. Waymo Blog. https://waymo.com/blog/autonomous-vehicle-update

Laurent, P. (2010). Mental fatigue. In E. Diener (Ed.), The Science of Well-Being (pp. 329–348). Springer.

LeCun, Y., Bengio, Y., & Hinton, G. (2015). Deep Learning. Nature, 521(7553), 436–444.

Lee, K. (2018). AI Superpowers: China, Silicon Valley, and the New World Order. Houghton Mifflin Harcourt.

McCarthy, J. (1956). Proposal for the Dartmouth Summer Research Project on Artificial Intelligence. Dartmouth College.

Moore, J. (2019). Human-robot collaboration in the workforce: Early findings from the field. In Companion of the 2019 ACM/IEEE International Conference on Human-Robot Interaction (pp. 85–86). IEEE.

Moore, P. (2019). Automating exploitation: Algorithmic decision-making and the gig economy. In E. Dowling & M. Taylor (Eds.), The Palgrave Handbook of Feminism and AI (pp. 201–217). Palgrave Macmillan.

Kolb, D. A. (1984). Experiential Learning: Experience as the Source of Learning and Development. Englewood Cliffs, NJ: Prentice-Hall.

Lipton, Z. C. (2018). The mythos of model interpretability. Communications of the ACM, 61(10), 36–43.

Marcus, G. (2020). The next decade in AI: Four steps towards robust artificial intelligence. arXiv:2002.06177.

Mazzucato, M. (2018). Mission-oriented research and innovation in the European Union: A problem-solving approach to fuel innovation-led growth. Luxembourg: European Commission.

Mittelstadt, B. D., Allo, P., Taddeo, M., Wachter, S., & Floridi, L. (2016). The ethics of algorithms: Mapping the debate. Big Data & Society, 3(2), 1–21.

Mokyr, J. (1990). The Lever of Riches: Technological Creativity and Economic Progress. New York: Oxford University Press.

Muro, M., Maxime, R., & Whiton, J. (2019). Automation and artificial intelligence: How machines are affecting people and places. Brookings Institution.

Obermeyer, Z., Powers, B., Vogeli, C., & Mullainathan, S. (2019). Dissecting racial bias in an algorithm used to manage the health of populations. Science, 366(6464), 447–453.

Patterson, D., et al. (2021). Carbon emissions and large neural network training. arXiv preprint arXiv:2104.10350.

Rajpurkar, P., et al. (2017). CheXNet: Radiologist-level pneumonia detection on chest X-rays with deep learning. arXiv preprint arXiv:1711.05225.

Rudin, C. (2019). Stop explaining black box machine learning models for high stakes decisions and use interpretable models instead. Nature Machine Intelligence, 1(5), 206–215. https://doi.org/10.1038/s42256-019-0048-x

Russell, S. J., & Norvig, P. (2010). Artificial Intelligence: A Modern Approach. Pearson Education.

Selbst, A. D., Boyd, D., Friedler, S. A., Venkatasubramanian, S., & Vertesi, J. (2019). Fairness and abstraction in sociotechnical systems. In Proceedings of the Conference on Fairness, Accountability, and Transparency (pp. 59–68). ACM.

Singhal, K., et al. (2023). Towards expert-level medical question answering with Med-PaLM. Nature, 620(7974), 526–535. https://doi.org/10.1038/s41586-023-06004-3

Startari, A. V. (2025a). AI Syntactic Power and Legitimacy: How AI Structures Shape Power. Working Papers No. 12. Montevideo: LeFortune. https://doi.org/10.5281/zenodo.17154108

Startari, A. V. (2025b). Executable Power: Syntax as Infrastructure in Predictive Societies. Zenodo. https://doi.org/10.5281/zenodo.15754714

Startari, A. V. (2025c). Colonization of Time: How Predictive Models Replace the Future as a Social Structure. SSRN Electronic Journal. https://doi.org/10.2139/ssrn.5284973

Startari, A. V. (2025d). Compiled Norms: Towards a Formal Typology of Executable Legal Speech. SSRN Electronic Journal. https://doi.org/10.2139/ssrn.5353059

Startari, A. V. (2025e). Grammar Without Judgment: Eliminability of Ethical Trace in Syntactic Execution. SSRN Electronic Journal. https://doi.org/10.2139/ssrn.5334549

Startari, A. V. (2025f). Template Power: How Instruction Templates Redistribute Decision Rights. Zenodo. https://doi.org/10.5281/zenodo.17879314 (also archived at https://doi.org/10.6084/m9.figshare.30849092; SSRN identifier pending)

Startari, A. V. (2025g). Foundation-Model Governance Pathways: From Preference Models to Operative Rules. Zenodo. https://doi.org/10.5281/zenodo.17533075 (also archived at https://doi.org/10.6084/m9.figshare.30589940; SSRN identifier pending)

Startari, A. V. (2026a). Plagiarism Ex Machina: Structural Appropriation in Large Language Models. Zenodo. https://doi.org/10.5281/zenodo.20070859 (also archived at https://doi.org/10.6084/m9.figshare.32204832; SSRN identifier pending)

Startari, A. V. (2026b). Algorithmic Empire: Generative AI and the Grammar of Global Subordination. Zenodo. https://doi.org/10.5281/zenodo.22096813 (also archived at https://doi.org/10.6084/m9.figshare.33329241; SSRN identifier pending)

Startari, A. V. (2026c). The Grammar of Asymmetric Visibility: AI, Zionism, and the Reallocation of Political

Agency. Zenodo. https://doi.org/10.5281/zenodo.20271438 (SSRN identifier pending)

Steijn, W. M. P., Luiijf, E. A. M., & van der Beek, J. J. (2016). Robot assistants in elderly care: A mixed-method study on activities and perceptions. In European Conference on Cognitive Ergonomics (pp. 213–220). ACM.

VanLehn, K., et al. (2005). The architecture of intelligent tutoring systems. International Journal of Artificial Intelligence in Education, 15(3), 163–197.

Recht, B., Roelofs, R., Schmidt, L., & Shankar, V. (2019). Do ImageNet classifiers generalize to ImageNet? In Proceedings of the 36th International Conference on Machine Learning (pp. 5389–5400). PMLR.

Senge, P. M. (1990). The Fifth Discipline: The Art and Practice of the Learning Organization. New York: Doubleday.

Susskind, D. (2020). A World Without Work: Technology, Automation and How We Should Respond. London: Allen Lane.

Vaswani, A., Shazeer, N., Parmar, N., Uszkoreit, J., Jones, L., Gomez, A. N., Kaiser, Ł., & Polosukhin, I. (2017). Attention is all you need. In Advances in Neural Information Processing Systems 30 (pp. 5998–6008).

Veale, M., & Edwards, L. (2018). Clarity, surprises, and further questions in the Article 29 Working Party draft guidance on automated decision-making and profiling. Computer Law & Security Review, 34(2), 398–404.

Whittaker, M., Crawford, K., Dobbe, R., Fried, G., Kaziunas, E., Mathur, V., et al. (2018). AI Now Report 2018. New York: AI Now Institute.

Whittlestone, J., Nyrup, R., Alexandrova, A., Dihal, K., & Cave, S. (2019). Ethical and Societal Implications of Algorithms, Data, and Artificial Intelligence: A Roadmap for Research. London: Nuffield Foundation.

Yamamoto, K. (2019). Artificial intelligence and work: Evidence from Japan. RIETI Discussion Paper Series, 19-E-062.

Zawacki-Richter, O., et al. (2019). Systematic review of research on artificial intelligence applications in higher education. International Journal of Educational Technology in Higher Education, 16(1), 1–27.

Zhang, Y., Li, S., & Wang, J. (2021). Reinforcement learning in portfolio management: A survey. Journal of Economic Behavior & Organization, 190, 125–143.

ÍNDICE

Did you love *IA, dime tu protocolo*? Then you should read *Gramáticas del Poder*[1] by Agustin V. Startari!

[2]

En un mundo donde el poder se ejerce tanto mediante las armas como mediante las palabras, **Gramáticas del poder: Cómo las estructuras sintácticas configuran la autoridad** ofrece una investigación sin precedentes sobre la relación entre la forma del lenguaje y el ejercicio de la dominación. Al abarcar los discursos eclesiástico, político, jurídico y totalitario, esta obra demuestra que las elecciones gramaticales —como el uso de pasivas, construcciones impersonales, cláusulas subordinadas o enunciados deónticos— nunca son neutrales: configuran la percepción de la realidad, ocultan a los agentes del poder y refuerzan jerarquías simbólicas.

---

1. https://books2read.com/u/b5dRG1

2. https://books2read.com/u/b5dRG1

Desde las bulas papales hasta las sentencias judiciales, desde las proclamaciones imperiales hasta la retórica nazi y estalinista, el libro revela que la sintaxis es una tecnología política tan sofisticada como cualquier sistema de control físico. Con el apoyo de herramientas del análisis del discurso, la lógica formal, la lingüística computacional y los corpus históricos, Gramáticas del poder ofrece una nueva perspectiva crítica sobre los mecanismos invisibles que regulan el pensamiento a través del lenguaje.

Al combinar claridad teórica con rigor académico, esta obra no solo examina el pasado, sino que también proporciona herramientas para interpretar el lenguaje del poder contemporáneo —desde los algoritmos hasta el discurso estatal— en un momento en que las palabras han vuelto a convertirse en un campo de batalla.

Read more at https://www.agustinvstartari.com/.

Also by Agustin V. Startari

Budismo Practico
Una vida de abundancia. La mente exitosa

Papeles de Trabajo
Creacion de un Imperio
La Alta Edad Media
Los Templarios: Marco introductorio
Gregorio X
Los apóstoles de la fe: en la pluma de Fray Bartolomé de las Casas
Maquinaria de Propaganda
Ucrania y Rusia: Un conflicto en progreso
Adios capitalismo
IA, dime tu protocolo
Gramáticas del Poder
IA Poder Sintactico y Legitimidad
Christus Solus
Herejías Esenciales: La lucha del cristianismo temprano
Fl Futuro como Origen

Practical Buddhism

The Path to happiness
A Wealthy Life: The Successful Mind
The Abundant Mind:

Work Papers

Creation of an Empire
THE EARLY MIDDLE AGES
The Templars: An Introductory Framework
Gregory X
THE APOSTLES OF FAITH IN THE WRITINGS OF FRIAR BARTOLOMÉ DE LAS CASAS
Propaganda Machinery
Ukraine and Russia: An Ongoing Conflict
AI, Tell Me Your Protocol
Grammars of Power
Christus Solus
Essential Heresies

Standalone

The year of the dead Count

Watch for more at https://www.agustinvstartari.com/.

About the Author

Agustin V. Startari is a researcher, linguist, and author specializing in the intersection of **language, artificial intelligence, power, legitimacy, and historical sciences.**

His work examines how linguistic, discursive, and technological structures organize perceptions of authority, distribute responsibility, and shape the ways institutions, artificial intelligence systems, and structures of power represent political, historical, and social events.

His research brings together **linguistics, discourse analysis, artificial intelligence, historiography, theories of power, and studies of legitimacy**, with particular attention to the relationship between linguistic form, authority, and political responsibility.

He is the author of the research series *Grammars of Asymmetric Visibility: AI, Imperial Power, and the Syntax of Responsibility*, focused on the relationships between artificial intelligence, language, power, and the attribution of responsibility.

He is also the author of *Work Papers*, a series devoted to historical research, historiography, and the analysis of problems related to the historical sciences.

Additional works include *Propaganda Machinery* and *Christus Solus*, which further explore the intersections of discourse, ideology, institutional power, and historical interpretation.

His work combines linguistic research, historical analysis, and the systematic study of the ways language, institutions, and technological systems participate in the construction and legitimization of power.

Read more at https://www.agustinvstartari.com/.

About the Publisher

LEFORTUNE Publishing is a distinguished international publishing house dedicated to the publication and global distribution of high-quality fiction, historical works, literary essays, cultural studies, and nonfiction in English, Spanish, and German. With a strong commitment to editorial excellence, intellectual depth, and cultural exchange, LEFORTUNE Publishing develops carefully curated titles for readers and institutions worldwide.

Read more at https://lefortunepublishing.com/.